PUBLICATION DE LA RÉUNION DES OFFICIERS

DU

SERVICE EN CAMPAGNE

MÉTHODE

D'INSTRUCTION PRATIQUE

POUR LES SOLDATS ET OFFICIERS D'INFANTERIE

TRADUITE DE L'OUVRAGE

DU

GÉNÉRAL COMTE DE WALDERSÉE

Par M. DARGNIÈS, ingénieur

ET RÉSUMÉE

PAR F. LOUIS

COLONEL DU 69e DE LIGNE

PARIS

LIBRAIRIE DE FIRMIN DIDOT FRÈRES, FILS ET Cie

IMPRIMEURS DE L'INSTITUT, RUE JACOB, 56

1873

DU

SERVICE EN CAMPAGNE

TABLE DES MATIÈRES.

PREMIÈRE PARTIE.

INSTRUCTION DU SOLDAT.

DEUXIÈME PARTIE.

INSTRUCTION DES CHEFS.

TYPOGRAPHIE FIRMIN DIDOT. — MESNIL (EURE).

PUBLICATION DE LA RÉUNION DES OFFICIERS

DU

SERVICE EN CAMPAGNE

MÉTHODE

D'INSTRUCTION PRATIQUE

POUR LES SOLDATS ET OFFICIERS D'INFANTERIE

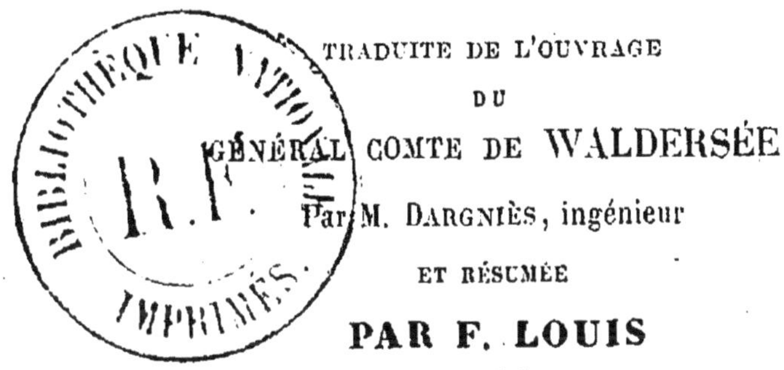

TRADUITE DE L'OUVRAGE

DU

GÉNÉRAL COMTE DE WALDERSÉE

Par M. DARGNIÈS, ingénieur

ET RÉSUMÉE

PAR F. LOUIS

COLONEL DU 69e DE LIGNE

PARIS

LIBRAIRIE DE FIRMIN DIDOT FRÈRES, FILS ET Cie

IMPRIMEURS DE L'INSTITUT, RUE JACOB, 56

1873

PREMIÈRE PARTIE.

DE L'INSTRUCTION SUR LE SERVICE EN CAMPAGNE POUR LE SOLDAT D'INFANTERIE.

CHAPITRE PREMIER.

Pourquoi on doit préférer la pratique à la théorie pour enseigner le service en campagne aux recrues.

L'ÉCOLE, dans l'acception littérale du mot, étant considérée comme la source de l'éducation scientifique, on a admis généralement, comme axiome incontestable, que la pratique pour être féconde doit toujours être précédée de la théorie.

En ce qui concerne l'instruction militaire, cette opinion a prévalu, non-seulement pour la préparation scientifique aux grades supérieurs, mais encore pour ce qui est relatif aux emplois inférieurs ; aussi l'instruction pratique du service en campagne est-elle ordinairement précédée d'un enseignement théorique. Sans repousser cette méthode d'une manière absolue, nous voulons seulement démontrer qu'elle ne saurait être, en aucun cas, le moyen le plus sûr et le plus rapide d'amener les soldats à une bonne et solide pratique du service en campagne, le jour où ils seront réellement en présence de l'ennemi.

Afin de justifier cette opinion, nous allons examiner la méthode théorique usitée presque partout, et les résultats qui en sont la conséquence inévitable.

Les premières semaines qui suivent l'arrivée au corps des contingents annuels, sont consacrées à initier les nouvelles recrues aux détails du service intérieur et au maniement du fusil ; lorsque le jeune soldat en a acquis une certaine habitude, on passe à l'enseignement du service en campagne. Cet enseignement, d'après le principe que nous venons de signaler, fait d'abord l'objet d'une instruction théorique dans les chambres.

Pour suivre un ordre qui n'est méthodique qu'en apparence, cette instruction débute : par une exposition générale du service en campagne, du service des avant-postes, du service qui a pour but la sécurité de la marche et des diverses circonstances qui se présentent dans la petite guerre; puis viennent des explications sur les termes usités et sur les expressions techniques; on passe ensuite au développement des principes généraux; bref, on procède absolument comme le ferait un véritable traité sur la matière. Puis viennent les règles à suivre pour les différents cas qui peuvent se présenter, comme lorsqu'il s'agit de héler les personnes qui passent, d'interroger les suspects, de faire des rapports, etc. Le soldat doit savoir en effet exposer et motiver la conduite qu'il aura à tenir dans toutes les situations où l'on peut se trouver à la guerre, et tenir compte des cas exceptionnels.

Ceux qui s'occupent d'instruction savent ce qu'un pareil enseignement demande de temps et de patience à l'instructeur, et de leur côté les recrues, même les plus dociles, préféreront deux heures d'exercice pratique à une heure de cette laborieuse théorie. Quel ne doit pas être l'embarras des jeunes soldats, souvent peu instruits, auxquels on vient parler sans préparation, de choses qu'ils ne connaissent pas, dont ils n'ont aucune idée précise, et qu'on leur explique dans un langage technique, hors de leur portée. Grand'gardes, patrouilles, reconnaissances, avant-gardes, arrière-gardes, sont des expressions dont ils ignorent la signification, et qu'ils peuvent facilement confondre les unes avec les autres, parce qu'elles ne leur représentent pas une image nette. Souvent même les principes généraux qu'on leur enseigne résultent de déductions qui seraient mieux à leur place dans des traités de tactique et de stratégie.

Se rappeler exactement la conduite à tenir dans tous les cas qui peuvent se présenter, avec toutes les variantes que chacun d'eux peut offrir, puis répondre d'une manière intelligente aux questions de l'instructeur, est donc une des plus grandes difficultés qu'on puisse imposer au jeune soldat; aussi, en admettant même que l'élève parvienne à retenir et à répéter sans hésitation ce qu'on lui a fait apprendre, ce n'est le plus souvent qu'une récitation machinale, dont il ne saisit pas le sens, parce que n'ayant encore vu ni grand'garde, ni patrouille, ni avant-garde, etc., il ne peut pas se figurer ce que serait dans la réalité la pratique des règles et des préceptes qu'il énonce.

Aussi les résultats obtenus de cette manière, si satisfaisants qu'ils puissent paraître, ne doivent faire d'illusion ni aux instructeurs ni aux officiers supérieurs qui font subir les examens; souvent des jeunes soldats qui répondront bien et juste aux questions qui leur seront posées dans l'ordre accoutumé, seront tout déconcertés, si on modifie cet ordre ou si on présente ces questions sous une autre forme. On aura alors la preuve que ce qui paraît simple et clair à l'instructeur ne l'est pas autant pour l'élève, qui n'en a retenu qu'un chaos de mots péniblement appris. Habituellement on se préoccupe peu de cette insuffisance d'instruction, parce qu'on compte bien la compléter lorsque les jeunes soldats prendront part avec leurs compagnies aux exercices pratiques du service en campagne.

Lorsque l'époque de ces exercices est arrivée, on s'attache surtout à l'observation des formes, que l'on considère comme le premier degré du passage de la théorie à la pratique. Ces formes ont pour objet la manière d'interroger les personnes que l'on a hélées, la suite de ces interrogatoires, les rapports qui en sont la conséquence, etc., en supposant le cas où le service des avant-postes se fait tranquillement et sans être inquiété par l'ennemi.

Soit que l'on trouve trop brusque le passage de l'instruction dans les chambres aux exercices en forêt ou dans les champs, soit manque de temps par suite de l'importance exagérée accordée aux manœuvres, cet exercice sur les formes du service en campagne a surtout lieu dans les cours des casernes ou sur le terrain de manœuvre, souvent peu étendu et entouré parfois de bâtiments et de murs. Là les jeunes soldats sont répartis deux par deux pour former des doubles postes (1), qui

(1) Dans le service en campagne de l'armée prussienne, les lignes de sentinelles sont formées de sentinelles doubles ; on donne à ces lignes

souvent ne sont qu'à quelques pas les uns des autres et placés, suivant la localité, en ligne droite, en crochet ou autrement; l'instructeur, accompagné d'une couple d'autres hommes, doit figurer ceux qui s'approchent du poste; le conscrit en faction doit alors le héler, l'interroger et l'expédier, d'après les principes qui lui ont été enseignés dans l'instruction théorique; pour figurer l'arrivée de parlementaires ennemis ou de déserteurs, on se sert de signes de convention, afin d'indiquer ce qui, dans la réalité, se manifesterait par un uniforme étranger, etc.

C'est ainsi que l'on représente successivement, dans un étroit espace, tous les cas dans lesquels une sentinelle peut avoir à héler ou questionner ceux qui se présentent pour passer, et qui se donnent successivement pour officiers, corvées, patrouilles, déserteurs ennemis, parlementaires, voyageurs, paysans, vivandiers, etc. On doit procéder différemment suivant que ces personnes viennent de l'extérieur des lignes, de l'intérieur, ou bien de côté (c'est-à-dire parallèlement au cordon des postes). La supposition qu'il fait nuit exige aussi une manière d'agir toute différente, supposition qui, ayant lieu en plein jour, demande passablement d'imagination; on peut admettre que les arrivants sont seuls ou en nombre, qu'ils ont des voitures, qu'ils donnent ou ne donnent pas les signes de reconnaissance réglementaire, qu'ils obéissent ou n'obéissent pas aux injonctions du poste, ou se montrent suspects ou récalcitrants. Toutes ces circonstances et beaucoup d'autres

le nom de *postes avancés* ou encore de *lignes ou cordons de postes* (F. L.).

donnent lieu à l'application des règles les plus variées, dont l'apprentissage coûte à l'élève commençant une peine infinie.

Pour enseigner aux soldats à présenter les rapports qu'un grand nombre de circonstances rendent nécessaires, on leur fait apprendre un certain nombre de formules servant de modèles, et on les exerce à les appliquer à un cas donné, ce qui met encore à une rude épreuve, on le conçoit, la patience des instructeurs et des élèves.

Lorsque les formes du service en campagne ainsi enseignées sont assez familières aux jeunes soldats pour qu'ils puissent répondre d'une façon satisfaisante dans les examens que les officiers supérieurs leur font subir, on les leur fait mettre en pratique sur le terrain même, en présence d'un ennemi supposé; cela coïncide le plus souvent avec le commencement des exercices de tir, qui prennent, avec raison, beaucoup de temps. Mais comme il arrive fréquemment que tout le monde attend avec impatience le moment où commenceront les grandes manœuvres, on se hâte, pour que les jeunes recrues puissent y prendre part sans se faire trop remarquer par leur inexpérience, et comme on n'a plus le temps alors de donner à *chaque homme* une instruction spéciale et pratique, on compte que l'instruction donnée dans les chambres et sur le terrain de manœuvres, doit avoir suffi aux jeunes soldats pour leur permettre avec un peu d'attention, d'appliquer sûrement dans toutes les circonstances les règles et les principes sur lesquels ils ont répondu couramment dans les interrogations.

Mais c'est précisément là qu'est l'erreur, une erreur capitale. A la plus grande partie des hommes, l'instruction dans les chambres ne donne ni expérience pratique, ni aptitude à remplir les devoirs si variés du service en campagne; elle n'est pour le soldat qu'un travail de mémoire dans lequel il retient machinalement ce qu'il lui faut pour satisfaire aux examens de ses chefs, sans être pour cela capable d'appliquer immédiatement et avec intelligence la règle qui convient à chaque cas qui se présente.

On peut même avancer que plus on veut donner d'importance à l'instruction théorique, en poussant à l'excès les principes abstraits et l'observation des formes, plus on rend difficile le passage de la théorie à la pratique sur le terrain en présence d'un ennemi. Il vaudrait peut-être mieux se borner à indiquer simplement et brièvement le but qu'il s'agit d'atteindre suivant les différents cas qui se présentent (comme : « garder la troupe à laquelle on appartient »; « se procurer des renseignements sur l'ennemi » etc.), et laisser à l'intelligence et à l'instinct de chacun le choix de la conduite à tenir.

Cette opinion pourrait paraître paradoxale, si l'expérience n'avait pas montré comment se comporte le jeune soldat, lorsqu'il passe de l'instruction dans les chambres à l'application du service en campagne dans les véritables manœuvres.

Au lieu d'être là, comme il conviendrait au gardien chargé de veiller sur la sécurité, l'honneur et la vie de ses camarades et de la troupe à laquelle il appartient, avec la vigilance du chasseur, de l'Indien, du Kabyle; au lieu de regarder au loin du point où il a été placé, et d'écouter les bruits du voisinage, le jeune soldat jette un regard inquiet sur tout supérieur qui s'avance vers lui, se demandant d'avance quelle qualification celui-ci va se donner, et cherchant quelle sera la formule à employer, suivant le cas, pour arrêter, pour interroger, et ce qu'il aura à faire ensuite. Tout cela le préoccupe d'autant plus que, dans l'instruction théorique qui lui a été donnée, ces formes lui ont été présentées comme très-essentielles, et qu'elles ont été pour lui une source d'éloges ou de reproches.

Mais à mesure que le jeune soldat avance dans les exercices réels du service en campagne, la théorie et la pratique deviennent pour lui deux choses qui paraissent n'avoir aucun rapport, et il néglige alors ce qu'on lui a appris avec tant de peine.

Ce qui se passe souvent dans les manœuvres suffit pour prouver que cette assertion n'a rien d'exagéré; ici c'est un poste qui laisse tranquillement arriver tout près de lui, afin de l'interroger, un détachement qu'il est facile de reconnaître comme l'ennemi; là c'est un chef de patrouille qui, dans l'examen oral, savait peut-être dire très-correctement que les patrouilles doivent toujours choisir pour s'avancer les terrains les plus coupés, et qui traverse une clairière, ou un champ découvert, tandis qu'il aurait facilement pu dissimuler sa marche en faisant un léger circuit; ailleurs c'est un flanqueur qui, inquiet de conserver ses communications avec son corps, regarde toujours de son côté, et jamais dans la direction d'où un danger peut menacer la troupe qu'il s'agit de garder; enfin, bien d'autres fautes contre les règles les plus élémentaires, qu'on pourrait citer encore.

Et comment les rapports sont-ils faits? Ou bien le soldat accourt consterné, hors d'haleine, jetant ce cri d'épouvante complétement vague : « Voilà l'ennemi ! » sans pouvoir donner la moindre indication sur sa force approximative, la direction qu'il suit, la vitesse avec laquelle il marche; ou bien il s'efforce avec peine, et souvent en balbutiant, d'adapter à son récit une de ces formules qui lui ont été inculquées dans les modèles de rapports.

On peut alléguer, pour excuser ces imperfections, qu'il est difficile de donner au soldat, en temps de paix, une instruction parfaite dans l'art de la guerre; mais ce n'est pas une raison pour considérer ce qui est passé en habitude comme étant incontestablement ce qu'il y a de mieux, et ne pas admettre les perfectionnements. Certes, au commencement d'une campagne qui suit une longue période de paix, une armée fera toujours quelques écoles avant de se familiariser avec les exigences et les conséquences de la guerre. Mais on peut atténuer ces écoles, et diminuer les chances d'une expérience qui pourrait coûter cher et arriver peut-être trop tard, en préparant pendant la paix chaque soldat comme les masses, ceux qui doivent obéir comme ceux qui doivent commander, aux épreuves et aux exigences de la véritable guerre.

L'enseignement théorique du service en campagne d'après la méthode vicieuse que nous combattons, ne nous semble donc pas donner des résultats en rapport avec le temps et les peines qu'on y consacre. C'est pourquoi nous essayerons, dans les chapitres suivants, de développer une méthode naturelle, purement pratique et réellement utile, et nous rappellerons seulement, avant de commencer, qu'elle a toujours donné de bons résultats, partout où elle a été appliquée jusqu'ici.

CHAPITRE II.

Méthode d'instruction purement pratique du fantassin, dans le service en campagne.

Nous croyons avoir démontré, dans le chapitre précédent, que pour instruire convenablement le jeune soldat dans le service en campagne, on doit donner dès l'origine à cette instruction une direction purement pratique, sans la faire précéder par aucun enseignement théorique.

Les règles générales de cet enseignement pratique sont renfermées dans les principes suivants :

1. On doit *faire voir* immédiatement au jeune soldat, autant que le permet l'état de paix, tout ce qu'il doit apprendre en fait de service en campagne.

2. Par conséquent, la première instruction ne sera jamais donnée dans les chambres, ni dans la cour de la caserne, ni sur le terrain ordinaire d'exercice; elle sera toujours donnée *sur un terrain sur lequel on pourra faire voir clairement au soldat, d'une manière qui ressemble autant que possible à la guerre véritable*, ce que l'on veut lui enseigner.

3. Pour arriver à le lui faire voir clairement, il ne suffit pas que l'ennemi soit supposé présent, mais il faut qu'il soit *réellement représenté.*

4. Tout en faisant voir clairement aux conscrits ce dont il s'agit, il faut avoir soin que *l'instruction de chacun* marche simultanément et constamment à la même hauteur, dès le début.

Tout d'abord examinons l'ordre dans lequel les diverses parties du service en campagne doivent être enseignées au soldat.

La chose peut être envisagée à deux points de vue différents : doit-on commencer par le service qui peut se présenter le plus souvent, ou par celui qui, étant le plus simple, peut être compris le plus facilement par les commençants et servir de base à leur instruction ultérieure? Le premier procédé paraît recommandé principalement par la pratique, le second par la théorie.

Heureusement que la pratique, si elle n'est pas purement mécanique, et que la théorie, si elle n'est pas une simple affaire de formule, peuvent se rencontrer ici sur le même terrain, et voici comment :

En campagne, dès qu'on se trouve dans le voisinage de l'ennemi, les compagnies ayant besoin de tous leurs hommes, le jeune soldat sera appelé immédiatement à prendre part au service des gardes et des avant-postes; seulement comme ce service est le plus simple et le plus facile à faire, puisque le soldat lui-même et la troupe qu'il s'agit de garder sont à l'état de repos, les événements n'y seront pas aussi inattendus et ne se succéderont pas d'une manière aussi variée, que s'il s'agissait d'assurer la sécurité d'une troupe en mouvement; au poste, le soldat se sent à portée de corps nombreux, dont il peut recevoir des instructions et du secours; il ne se trouve pas livré à lui-même comme lorsqu'il s'agit de faire des patrouilles.

Il nous paraît donc rationnel de commencer l'instruction *par l'enseignement du service des avant-postes.*

Le premier service qui vient après celui des avant-postes, et qui est également tout passif, est celui par lequel on pourvoit à la sécurité d'une troupe en mouvement (en ce qui concerne le rôle du soldat employé isolément comme pointe d'avant-garde ou patrouille de flanc). Si le soldat a pu se rendre compte d'une manière précise des fonctions essentielles d'un avant-poste, il ne sera pas bien difficile de lui faire saisir l'analogie qu'il y a entre ces fonctions et celles d'une pointe d'avant-garde ou d'une patrouille de flanc, car dans les deux cas le but est le même : pourvoir à la sécurité de la troupe; la seule différence est que dans le second cas la troupe est en mouvement, tandis que dans le premier elle est au repos. Toutefois, bien que le but et les principes soient les mêmes, la condition du mouvement introduit des modifications, car le cordon de sentinelles qui assure la sécurité en tête ou sur les flancs d'un détachement en marche est un cordon mouvant.

Comme en campagne ce service demande beaucoup moins d'hommes que celui des avant-postes, le jeune soldat pourra ne pas être appelé dès le début à y participer.

L'instruction pour les pointes d'avant-garde et les patrouilles de flanc paraît donc devoir être, sous tous les rapports, le second degré de l'enseignement à donner au jeune soldat.

Aux avant-postes, de même qu'à la pointe d'avant-garde, ou comme flanqueur, chaque soldat conserve des rapports tactiques directs avec le détachement qu'il est chargé de garder; il reste sous sa dépendance; il est dans le rayon de sa protection; son unique objectif, qui consiste à prendre des mesures défensives et préventives pour garder ce détachement, est si simple, que l'intelligence la plus obtuse pourra comprendre facilement ce qu'il y a à faire.

Il n'en est pas de même pour les patrouilles; ici déjà on doit tenir compte de bien d'autres circonstances,de bien d'autres conditions. Quoique la sécurité du détachement soit un des objets de ce service, la patrouille qui franchit le cordon des avant-postes et qui est envoyée vers l'ennemi ne contribue pas à cette sécurité directement, mais par des moyens intellectuels, grâce aux renseignements pris au loin. Tandis que le rôle des postes, pointes d'avant-garde et flanqueurs est purement passif, l'action de la patrouille a une plus haute importance. On pourrait même dire que dans certains cas, par exemple lorsqu'il s'agit de sonder la ligne des avant-postes ennemis dans le dessein d'une attaque, les patrouilles ont un but offensif. A ces circonstances il faut ajouter la condition d'initiative, à laquelle les patrouilles sont assujetties à cause de leur éloignement du détachement, ainsi que la diversité des situations où le soldat en patrouille peut se trouver, et dans lesquelles il doit apprendre à se conduire sûrement, d'après son propre jugement.

Comme on n'a besoin que de peu d'hommes pour ce service, on peut également faire un choix parmi les plus adroits et les mieux instruits sans avoir besoin d'y appeler les jeunes soldats dès le début; en raison de ses complications, *l'enseignement du service des patrouilles* paraît donc devoir constituer le troisième degré de l'instruction.

Une fois le principe établi, qu'on doit enseigner au jeune soldat les diverses parties du service en campagne, dans l'ordre où on peut présumer qu'il aura à les appliquer à la guerre, il semble logique de le mettre, avant tout, au courant du service de sûreté dans les camps et dans les cantonnements. Il est probable en effet que le soldat se trouvera campé ou cantonné avant d'être employé aux avant-postes; mais ici il faut admettre une exception, afin de rester d'accord avec notre méthode, qui consiste à procéder du simple au compliqué.

Le séjour dans les camps et les cantonnements est un état transitoire entre la paix et la guerre; dans cet état on ne retrouve ni la sécurité pleine et entière de la paix, ni la nécessité d'être toujours prêt à repousser une attaque de l'ennemi, ainsi que cela est indispensable aux avant-postes.

En effet, même pendant une guerre, une troupe peut jouir d'une demi-sécurité, si elle se trouve campée ou cantonnée à une certaine distance du théâtre principal des opérations; mais si elle est établie dans le voisinage immédiat de l'ennemi, ou dans un pays insurgé, elle est obligée de se garder avec autant de soin que si elle était aux avant-postes.

Entre ces deux extrêmes se trouvent une quantité de degrés intermédiaires, pour lesquels il serait à peine possible d'établir des règles d'avance; il en résulte que le service des camps et cantonnements est un mélange du service de garnison et du véritable service de sûreté en présence de l'ennemi, et que cette double condition entraîne nécessairement une série de complications qui provient de la combinaison même de ces deux services. Ces complications sont déjà une raison pour ne pas commencer par là l'instruction du jeune soldat; mais de plus il s'agit d'éviter un écueil dangereux, c'est que ce mélange de règles, en produisant une confusion dans l'esprit du soldat, ne l'amène à appliquer dans le service en campagne celles du service de garnison.

C'est pourquoi *le service dans les camps et cantonnements* ne doit être enseigné qu'après celui des avant-postes, des pointes d'avant-garde, des flanqueurs et des patrouilles.

Un autre enseignement spécial doit marcher simultanément avec l'enseignement de tous les services que nous venons d'énumérer. C'est celui qui a pour objet la rédaction des rapports, qui doivent être complets, concluants, intelligibles et conçus avec précision; c'est seulement lorsque le conscrit en aura acquis l'habitude, qu'il deviendra un soldat réellement utile en toutes circonstances. L'importance de ces rapports et leur variété résultant des différentes circonstances qui peuvent se présenter, sont tels que ce sujet nécessite un développement particulier. Un chapitre spécial lui sera donc consacré.

Nous pensons avoir énuméré ici tout ce qu'il est essentiel d'enseigner au soldat dans le service en campagne. Il nous paraît cependant opportun d'ajouter quelques considérations sur la manière dont les officiers supérieurs doivent faire subir les examens, point plus important qu'on ne le croit. En effet, si dans ces examens on s'attachait trop à certaines formes ou à certaines parties du service, et pas assez à d'autres, l'enseignement de la part des instructeurs s'en ressentirait. Aussi des examens qui ne seraient pas conçus dans les vrais principes pourraient-ils être plus nuisibles qu'utiles; il ne sera donc pas inutile de consacrer un chapitre spécial à ces examens.

sance aveugle et à l'abnégation, base de toute discipline.

La discipline est évidemment la pierre fondamentale de toute capacité militaire; mais, pour y habituer le nouveau soldat, il n'est pas indispensable d'y consacrer du matin au soir, chaque journée des trois ou quatre premiers mois de service. La discipline doit naître *du soldat lui-même*, et une tension extrême des forces physiques, un relâchement des forces intellectuelles et morales résultant de l'uniformité des occupations, la compromettront plutôt qu'ils ne l'affermiront.

On ne portera donc aucun préjudice aux habitudes d'ordre, d'obéissance et de fatigue corporelle que le jeune soldat doit acquérir au moyen d'occupations mécaniques pendant les premiers mois de son arrivée au corps, si on consacre des demi-journées, ou même des journées entières à une instruction dans laquelle tout en entretenant au grand air un mouvement salutaire, on l'exerce à réfléchir et à observer l'ordre et l'obéissance; assurément, l'élément moral, qui ne trouve que peu d'aliment dans une occupation mécanique, gagnera une nouvelle force à cette variété, et le jeune soldat se rendra avec plus de zèle à l'exercice, si on l'occupe à d'autres manœuvres en dehors des murs de sa garnison, que si pendant des semaines entières il voit revenir tous les jours matin et soir et au même endroit la série constante et uniforme des mouvements élémentaires et des évolutions.

Il est vrai que l'hiver peut introduire quelques difficultés dans l'enseignement du service en campagne tel que nous l'indiquons, mais il ne peut pas y apporter d'empêchement absolu. Sans affronter la neige ou des froids rigoureux, il sera bon pour le soldat bien couvert de braver pendant quelques heures un froid modéré ; il apprendra ainsi comment il doit se comporter aux avant-postes d'une grand'garde et comment il doit faire son devoir, même dans les circontances difficiles, sans tenir compte du vent et du mauvais temps.

Avant d'aller plus loin, il n'est pas inutile de parler ici de la méthode connue de Rohr. Dans ses principes, cette méthode concorde avec les idées que nous venons d'exposer, mais elle s'en écarte essentiellement dans l'application.

Feu le général de Rohr partait également, dans l'exposition de sa méthode, de cette conviction que la marche suivie autrefois pour l'instruction des recrues était mauvaise ; que l'exercice mécanique, continuel et prolongé pendant des mois entiers, les rabaissait à l'état de simples machines, les abrutissait et arrêtait le développement de leur capacité pour tout ce qui sort du champ de parade et de la place d'exercice.

Jusque-là nous sommes entièrement de l'avis de Rohr. Mais quels moyens donne-t-il ensuite d'obtenir une meilleure instruction du soldat, notamment en ce qui concerne le service en campagne ?

Il donne un programme méthodique et journalier pour la première période d'instruction, qui comprend aussi l'enseignement du service en campagne ; il en résulte incontestablement que cet enseignement, qui se donne à la fin de chaque séance du matin et du soir, doit avoir lieu exclusivement sur la place même où on a fait l'exercice et on ne peut donc y enseigner que des règles théoriques générales. Il n'est pas possible d'y faire voir nettement les circonstances telles qu'elles se présentent dans la réalité, ni de montrer au soldat ce qu'il aurait à faire suivant le terrain, en présence d'un ennemi. Cela revient à la méthode moitié théorique et moitié mécanique, et par cela même très-peu pratique, dont nous avons indiqué les conséquences nuisibles dans notre premier chapitre ; la seule différence est que l'enseignement a lieu en plein air au lieu d'avoir lieu dans les chambres.

Un enseignement réellement fructueux du service en campagne ne peut vraiment se faire sur une place d'exercice ordinaire. Il faut sortir, aller dans la campagne, dans les bois ; consacrer à cette étude des matinées, des après-midi ou des soirées entières, et procéder avec méthode, mais sans lier l'instructeur par un programme minutieux qui tue l'esprit ; il faut au contraire que l'instructeur cherche à faire comprendre clairement au jeune soldat ses devoirs dans toutes les circonstances en lui montrant l'exemple de soldats plus anciens, sur des terrains de configurations diverses et en représentant réellement l'ennemi.

Passons maintenant au second des points cités au commencement de ce chapitre : quel est le nombre d'hommes qui doivent prendre part simultanément à cette instruction.

Pour que les jeunes soldats puissent se faire une idée nette des circonstances et des devoirs qu'elles leur imposent, et suivre avec attention les explications orales de l'instructeur, leur nombre devra être de 12 à 20 tout au plus, par classe.

Comme il est nécessaire d'y joindre un nombre à peu près égal d'anciens soldats, pour les mêler avec les jeunes et représenter l'ennemi, il est évident que la direction doit en être confiée à un officier, et alors il faut examiner si un seul officier doit diriger l'instruction de tous les jeunes soldats d'une compagnie, ou s'il est préférable que chaque officier de section instruise les siens.

La première manière, qui permettrait de confier l'instruction des jeunes soldats à l'officier le plus capable de la compagnie, semblerait par cela même devoir mériter la préférence; cependant il vaut mieux laisser chaque officier diriger l'enseignement dans sa section, et voici pourquoi :

Chaque officier doit être capable de commander une grand'garde devant l'ennemi, et de pouvoir prendre de lui-même toutes les mesures nécessaires; c'est lui notamment qui doit donner des instructions à ses postes, à ses patrouilles, etc. Quiconque est jugé capable de remplir ces fonctions, souvent même au milieu de circonstances très-difficiles, pourra bien, il faut l'admettre, en diriger l'enseignement en temps de paix. Si un de ces officiers a un peu de peine en commençant, à faire comprendre à ses jeunes soldats ce qu'ils ont à faire dans le service en campagne, l'habitude le lui apprendra peu à peu, et contribuera en outre à éclaircir dans son esprit les idées touchant ce service qui pourraient ne pas avoir toute la netteté désirable. On pourrait tout au plus dispenser d'abord de la direction indépendante de cet enseignement, les tout jeunes officiers, notamment ceux qui viennent de sortir des écoles militaires.

Un autre avantage de l'enseignement par section, c'est que tous les jeunes soldats étant exercés simultanément reçoivent ainsi plus de leçons et qu'on peut s'occuper davantage de chacun d'eux en particulier, que si un seul officier était chargé de les instruire tous.

Il résulte naturellement de l'organisation des cadres que c'est au capitaine commandant la compagnie qu'appartient la direction supérieure et la haute surveillance de cette instruction, et que chaque officier de section doit avoir comme auxiliaires les sous-officiers de sa section.

Il reste maintenant à examiner le choix du lieu où cet enseignement doit être donné.

Ainsi que nous l'avons dit au chapitre premier, l'intérieur ou les abords de la ville de garnison ne conviennent pas pour cela. Il faut choisir, avant tout, un endroit dans lequel la configuration du terrain ne rende pas la position d'une grande'garde complétement invraisemblable.

Ce qui convient le mieux pour cela, c'est une portion de terrain au bord de laquelle on puisse placer deux ou trois postes (1) à côté les uns des autres,

(1) Nous rappellerons que, suivant l'usage prussien, l'expression *poste* est employée ici et dans la suite de cet ouvrage dans l'acception de *sentinelles doubles* (F. L.).

comme par exemple une série de monticules le long d'un bois. La position auprès d'un pont ou d'un autre défilé, où on ne place ordinairement qu'un seul poste, pourrait suffire au commencement de l'instruction, mais plus tard elle exclurait la possibilité de montrer les rapports des postes les uns avec les autres; un point choisi à l'entrée d'un village ou d'un faubourg, pourrait aussi suffire au début, mais il ne faudrait y avoir recours qu'avec circonspection, afin de ne pas être obligé dès l'origine de dire au jeune soldat : *Si on était réellement à la guerre, le poste serait placé derrière la clôture, la haie, etc. De plus, les hommes iraient au rapport en traversant le jardin, ou les habitations, etc. Mais ici, cela n'est pas permis;* et ainsi de suite. C'est précisément dans cette première période de l'instruction, qu'il faut éviter avec le plus grand soin de faire ainsi appel à l'imagination du soldat, car ces premières impressions, qui sont généralement les plus persistantes, lui donneraient une image fausse des situations, et pourraient le conduire plus tard à mal comprendre ses devoirs dans une véritable campagne (1).

(1) On pensera peut-être que nous allons trop loin, en exprimant la crainte que de fausses images et de fausses interprétations, résultant *d'hypothèses* et de *positions figurées*, auxquelles on a recours en temps de paix, persistent jusque dans la vraie guerre. On dira probablement : *lorsque les balles siffleront le soldat ne pensera plus aux hypothèses et aux positions figurées.* Autrefois, l'auteur, lui aussi, le croyait; mais plus tard; un exemple frappant vint lui montrer que des habitudes prises pendant une longue paix, s'enracinent non-seulement chez les soldats, mais même chez les officiers et que le sifflement des balles ne les efface pas immédiatement. Au combat de Schleswig, le 23 avril 1848, un détachement qu'il commandait, occupait sous le feu de l'ennemi des fermes et des maisons comme on le

Outre le choix du point où, pour cette première instruction, on veut placer un ou plusieurs postes, il faut encore se préoccuper de la configuration du terrain environnant. Ainsi on ne devra pas se placer au milieu d'un bois, non-seulement parce qu'en campagne on évite de le faire, mais surtout parce qu'il n'y aurait pas moyen de montrer au jeune soldat comment il faudrait agir dans le cas où on apercevrait l'ennemi s'approchant à une certaine distance.

Il ne faudrait pas non plus choisir un point d'où le poste aurait devant lui un vaste espace complétement découvert, car on serait, dans ce cas, obligé d'envoyer longtemps à l'avance les hommes qui doivent figurer l'ennemi.

Par conséquent, de l'emplacement choisi on devra pouvoir découvrir facilement le terrain situé en avant, jusqu'à un obstacle ou accident de terrain quelconque, bornant la vue à quelques centaines de pas de distance. Si de cet obstacle, des plis de terrain, des buissons, des fossés, etc., s'étendent jusqu'à une portée de fusil du poste, cela sera l'occasion d'une leçon encore plus instructive, qui servira notamment à montrer au jeune soldat, que le devoir principal du poste consiste à prêter la plus grande attention à ce qui se passe à portée de sa vue (la nuit, de son oreille) à tout suivre du regard et à s'en bien pénétrer.

fait habituellement pendant la paix, lorsque l'on veut *figurer l'occupation*, et ce ne fut pas sans peine que l'auteur parvint à leur faire prendre une position réellement défensive, en se mettant aux fenêtres tournées du côté de l'ennemi et dans les étages supérieurs.

Après ces principes préliminaires, dont le développement de cette méthode démontrera la facilité d'application et la justesse, nous allons exposer comment on peut enseigner d'une manière prompte et sûre au jeune soldat, à comprendre et à remplir ses devoirs *aux avant-postes.*

L'officier, accompagné des sous-officiers de sa section, des recrues (12 à 20 au plus) (1), et d'un nombre à peu près égal d'anciens soldats, se rendra au point choisi. La plupart des anciens soldats, 10 à 12 au moins, seront désignés pour figurer l'ennemi ; dans ce but on les distinguera par une autre coiffure ou par un signe extérieur particulier. Ils seront commandés par un sous-officier ou par un caporal intelligent. Ce petit détachement partira à l'avance, son chef ayant reçu des instructions sur ce qu'il aura à faire. L'officier devra visiter son terrain d'avance si cela lui paraît nécessaire.

Il conduira d'abord son peloton à l'endroit qui lui paraîtra avantageux pour le placement de sa grand'garde.

Qu'on ne perde pas de vue surtout que, d'après la méthode exposée dans ce livre, *aucun enseignement théorique,* quel qu'il soit, n'a encore précédé cette manœuvre ; que par conséquent c'est seulement sur le terrain qu'il s'agira d'apprendre et d'expliquer au jeune soldat, par une application pratique, l'idée et le but *des avant-postes, d'une grand'garde, d'un cordon de sentinelles.*

Lorsqu'on sera arrivé au point où doit se tenir la grand'garde, on ne saurait éviter, il est vrai, que la leçon ne commence par quelques explications orales ;

(1) S'ils étaient en plus grand nombre, ils pourraient n'entendre pas tous suffisamment les explications de l'officier, qui de son côté ne pourrait pas s'assurer qu'ils suivent sa leçon avec attention.

mais il faudra bien se garder de tomber dans le travers d'une exposition théorique et pédante. Que l'officier instructeur bannisse tout souvenir des théories d'art militaire. Toute définition ainsi posée à l'origine, tout principe établi à l'avance seraient aussi incompréhensibles et vides de sens, pour la majorité des jeunes soldats, qu'ils l'auraient été dans la caserne; la leçon ne serait plus alors qu'une théorie en plein air.

Que l'instructeur se mette complétement à la portée de ses élèves; qu'il leur explique en peu de mots et sans phrases la chose essentielle dont il s'agit; savoir : *la sécurité qu'une grand'garde assure aux troupes établies en arrière, et qu'un cordon de sentinelles assure à son tour à la grand'garde en vue d'une attaque inopinée de l'ennemi.*

On objectera peut-être que c'est plus facile à dire qu'à faire. Nous ne chercherons pas à le nier. La pratique est toujours plus difficile que la théorie, bien que le théoricien soit souvent porté à se croire supérieur au praticien.

Il n'est assurément pas facile de se mettre complétement à la portée de l'homme ignorant, qui n'a encore aucune idée de ce qu'on veut lui enseigner, et de lui parler un langage intelligible pour lui; nous allons essayer d'en donner une indication à titre d'exemple.

Que l'officier suppose que, par suite d'événements inattendus, il se trouve devant un ennemi véritable, avec des jeunes soldats à moitié instruits, et obligé de prendre des mesures de sécurité avec ces soldats novices. Il est certain que dans ces circonstances il ne perdrait pas son temps dans de longues dissertations sur les grand'gardes, les avant-postes et les devoirs des sentinelles.

En peu de mots, clairs et intelligibles, il dirait aux jeunes soldats que l'on attend à chaque instant l'approche de l'ennemi; qu'il est impossible qu'ils restent tous jour et nuit sous les armes; que par conséquent ils doivent veiller à tour de rôle pour ceux qui se reposent; que dans ce but les hommes à ce destinés, qui composent la grand'garde, doivent se porter un peu en avant dans la direction de l'ennemi, mais que tous les hommes de cette garde, eux non plus, n'ont pas besoin de veiller constamment; que par conséquent quelques hommes seulement doivent être à tour de rôle postés encore plus en avant, afin de pouvoir découvrir l'ennemi le plus tôt possible s'il s'approchait, et en avertir la grand'garde assez à temps, pour qu'elle puisse résister.

C'est de cette manière sans doute, et plus intelligiblement peut-être qu'il n'a été possible de l'indiquer sur le papier, que l'officier chercherait à se faire comprendre. Eh bien, c'est à peu près ainsi qu'on doit commencer l'instruction du jeune soldat, même en temps de paix.

Avant toutes choses, on devra dès le commencement faire ressortir ce point capital, que le but le plus important des avant-postes, celui qui vient en première ligne, *est de se garder contre l'ennemi.* Si le jeune soldat saisit bien cette idée dès les premières manœuvres, elle le suivra toujours.

Ici se manifeste la différence qui existe entre l'enseignement théorique que nous avons décrit dans le chapitre 1er et notre méthode pratique; dans cet enseignement théorique les formes du service en campagne, que l'on montre tout d'abord au soldat, doivent toujours lui apparaître comme la chose la plus essentielle, tandis que la conduite à observer à l'égard de l'ennemi reste pour lui comme un hors-d'œuvre, quelque chose de fortuit et d'exceptionnel. Dans la méthode que nous proposons, au contraire, les formes, qui seront expliquées par la suite, ne sont considérées que comme un accessoire ; chaque prescription concernant un cas particulier n'est que le développement de la pensée fondamentale : *Tu as à garder contre une surprise de l'ennemi le détachement auquel tu appartiens*. Cette pensée doit guider le soldat même dans les cas embarrassants ; avec elle, il trouvera la vérité plus facilement dans les situations inattendues et dans les moments critiques, que s'il avait à la chercher au milieu d'un fouillis de règles apprises péniblement par cœur.

Revenons maintenant à l'officier, arrivé avec ses recrues, sur le terrain choisi comme point de départ de sa première leçon.

On commencera immédiatement à placer un poste ou deux (*sentinelles doubles*), en les formant pour la première fois avec les anciens soldats. L'officier arrêtera les recrues à l'endroit de la grand'garde, fera former les faisceaux et placera un factionnaire devant les armes ; puis il emmènera les recrues comme simples spectateurs, mais en les conservant toujours à ses côtés ; il leur expliquera en peu de mots le but des dispositions simples qu'il prend et des instructions qu'il donne ; il s'assurera de temps à autre, par une question à la portée de leur intelligence, que ses auditeurs suivent réellement sa leçon avec attention.

On placera les postes ou sentinelles doubles en prenant les précautions ordinaires, c'est-à-dire que si le terrain le rend nécessaire, on enverra une pointe en avant, des flanqueurs sur les côtés, etc. La consigne des sentinelles ne renfermera que ce qui est essentiel et absolument indispensable, et telle qu'elle serait en réalité si, attendant à chaque instant l'approche de l'ennemi, on n'avait pas une seule minute à perdre en longues instructions. Cette consigne très-simple aura surtout pour objet la conduite à tenir dans le cas où l'ennemi s'approcherait, ce qui est précisément ce que le conscrit doit envisager dès l'origine, comme le plus important et le plus essentiel de ses devoirs en faction.

Comme nous l'avons dit plus haut, un détachement d'anciens soldats, destiné à figurer l'ennemi, doit avoir été envoyé à l'avance occuper sa position. Pendant que l'on place les sentinelles, et qu'on leur donne la consigne, ces anciens soldats doivent se tenir cachés et tranquilles, à plusieurs centaines de pas au moins des sentinelles; dès que leur chef, averti à l'avance, remarque, ou dès qu'il peut estimer, d'après le temps écoulé, que les sentinelles sont placées et qu'elles ont reçu leur consigne, il s'avance vers elles.

L'officier, ayant auprès de lui les recrues, se tient dans le voisinage des sentinelles vers lesquelles le détachement ennemi s'avance; il fait remarquer aux jeunes soldats ce que le poste va faire, et le leur explique succinctement; ils voient alors comment le poste tire un coup de feu de signal, comment l'une des sentinelles s'en va faire le rapport tandis que l'autre reste en faction pour continuer à observer l'ennemi, ou comment elle se retire si l'ennemi, supérieur en nombre, s'approche trop. L'officier ramène ensuite rapidement les recrues à l'emplacement de la grand'garde, leur fait prendre les armes, et les faisant précéder de quelques anciens soldats en tirailleurs, les conduit en rangs serrés soutenir les sentinelles repoussées, et forcer l'ennemi à renoncer à l'attaque. Cela étant fait, on enverra une patrouille d'anciens soldats suivre l'ennemi, et les sentinelles reprendront leurs anciennes places, pour faire voir clairement aux conscrits que lorsqu'une attaque a été repoussée tout doit rentrer dans le même ordre qu'auparavant.

Pour la première séance, on se contentera de cette leçon sur la marche à suivre en cas d'attaque d'un ennemi assez fort pour repousser les avant-postes, mais incapable de résister à la grand'garde elle-même. C'est surtout par sa simplicité que cette leçon sera profitable au jeune soldat, qui ne verra ainsi dans le service en campagne, qu'un ensemble de circonstances au milieu desquelles le bon sens et l'esprit naturel suffisent pour trouver la vérité, et non une étude à demi savante dont les principes généraux se gravent avec peine dans la mémoire. Ces exercices en plein champ lui inspireront plus de goût pour ce service que les théories ennuyeuses de la chambrée.

Les séances suivantes devront avoir lieu, autant que les localités le permettront, sur d'autres points que ceux choisis la première fois. Après avoir composé les postes d'anciens soldats, on arrivera à les former d'un ancien et d'un conscrit, et à charger celui-ci de faire un des rapports, sans exiger qu'il observe des formules déterminées, ni sans lui faire réciter textuellement des modèles appris à l'avance; on laissera au contraire au eune soldat le soin d'exposer de lui-même l'événement sur lequel il fait un rapport, ainsi que cela sera expliqué avec plus de détails dans le chapitre VII.

Dans ces nouvelles séances, l'officier conduira aussi ses élèves auprès d'un poste qui n'est pas attaqué directement par l'ennemi, mais qui est obligé de battre en retraite, parce que le poste voisin a été attaqué et repoussé; il leur fera remarquer alors la différence qui existe entre le rôle du poste attaqué directement et celui du poste voisin.

On introduira un peu de variété dans ces manœuvres; par exemple, au lieu de faire attaquer directement les sentinelles par un peloton ennemi, on ne fera avancer sur elles qu'une patrouille rampante; on fera voir alors clairement aux jeunes soldats comment ces sentinelles doivent se comporter, puis on les exercera à exécuter ce qu'ils auront vu faire.

On enverra ensuite de temps à autre, le long de la ligne des sentinelles, une patrouille composée d'abord d'anciens soldats, pour montrer aux recrues comment les postes doivent laisser passer dans le jour et sans autre formalité une patrouille composée d'hommes connus et appartenant à leur propre grand'garde.

Puis on enverra de la grand'garde une patrouille rampante composée également d'anciens soldats, qui s'avancera en dehors de la ligne des sentinelles; lors de son retour, les conscrits verront ce que les postes feront vis-à-vis de ces hommes qu'ils reconnaissent à leur uniforme comme appartenant aux mêmes troupes qu'eux. Ils prendront ainsi une idée précise des patrouilles rampantes amies ou ennemies, en voyant la manière dont elles se comportent, et ce sera en même temps une préparation utile à l'enseignement ultérieur des patrouilles, qui sera développé dans le chapitre V; mais il faudra s'abstenir d'une manière absolue d'en faire une étude sérieuse dans ces premiers exercices, afin d'éviter la confusion qui naîtrait dans les esprits d'un mélange prématuré de fonctions trop diverses.

On pourrait se demander pourquoi, en exposant la manière dont les avant-postes doivent se comporter, on n'indique pas comment on apprendra au soldat à *interpeller* et à *interroger*, puisque cela rentre dans le service habituel des avant-postes. C'est parce qu'il faudra apprendre d'abord *de nuit, à interpeller et à interroger*, non pas en se contentant de supposer qu'il fait nuit, mais en faisant la chose réellement pendant la nuit. Nous allons essayer d'en démontrer la nécessité.

A quel moment est-il important pour la sécurité d'une grand'garde et des avant-postes en général, que la sentinelle interpelle et interroge? Ce n'est certainement que la nuit. En effet, de jour, un avant-poste informe toujours la grand'garde de l'approche de tous les détachements un peu considérables aussitôt qu'il les aperçoit; alors la grand'garde envoie pour les reconnaître une troupe d'examen (*Examinir-trupp*). Mais quand même on ne prendrait pas ce dernier soin, une méprise est peu à craindre. Tandis que la nuit cela est bien différent; si un poste manque de prudence et d'attention, s'il omet quelque chose, l'ennemi peut en profiter pour tromper, surprendre, désarmer, tuer les deux hommes du poste, et même attaquer la grand'garde.

Aussi pour bien préparer les recrues à l'important et

difficile service de nuit, c'est la nuit qu'il faut le leur enseigner. Jamais cet enseignement fait de jour seulement ne donnerait au conscrit l'assurance dont il a besoin.

On pourrait objecter qu'en faisant ces exercices la nuit dans la première période d'instruction des jeunes soldats, il serait difficile de les surveiller de près, et qu'alors il pourrait en résulter un relâchement de la discipline, qu'il serait préférable d'affermir d'abord par la pratique des circonstances ordinaires du service, avant de passer à l'étude des exceptions.

On peut répondre à cela qu'il vaut mieux après l'entrée au service du jeune soldat, et sans attendre trop longtemps, le placer dans des conditions un peu inaccoutumées, et lui apprendre d'une manière pratique qu'à la guerre ce qui est inattendu et paraît être l'exception est précisément ce qui arrive le plus habituellement, et que c'est le service uniforme de la garnison, qui devient au contraire l'exception. En envisageant la question de cette manière, on reconnaîtra qu'en exerçant le jeune soldat pendant la nuit à obéir et à exécuter les ordres donnés, on contribuera à consolider la discipline loin de la compromettre.

La question de température pendant les nuits d'hiver, en ce qui touche la santé des jeunes soldats, ne saurait non plus fournir une objection sérieuse; au contraire ces exercices de nuit, outre leur but spécial d'instruction, présenteront encore l'avantage d'endurcir les hommes en les habituant au vent et au froid; si on craignait de les faire rentrer dans leurs quartiers quelques heures plus tard que d'habitude par une soirée d'hiver un peu désagréable ou modérément froide, que pourrait-on attendre d'eux dans une véritable campagne d'hiver, lorsqu'il faudrait faire le service de sûreté en présence de l'ennemi, par la neige ou par un froid de 20 degrés ?

Dans les premières séances, il ne sera pas nécessaire de rester dehors toute la nuit ; en effet, pour ces séances, le terrain n'aura pas besoin d'être choisi avec autant de soin que pour une manœuvre de jour, car dans ce premier enseignement ce n'est pas la configuration du terrain qui acquiert de l'importance, c'est surtout l'obscurité elle-même. On trouvera donc facilement, à proximité de la ville de garnison, un endroit convenable pour cela, et quelques heures suffiront pour rendre cette séance nocturne suffisamment instructive *pour commencer*, car plus tard il sera nécessaire d'organiser des manœuvres qui dureront des nuits entières, ou mieux encore, vingt-quatre heures.

Le commencement et les dispositions spéciales de cet enseignement nocturne seront à peu près semblables à ce qui a été indiqué pour les séances correspondantes de jour : placer une grand'garde, puis un ou plusieurs postes de sentinelles doubles, composés d'abord d'anciens soldats, et expliquer ces dispositions aux recrues que l'on a emmenées comme spectateurs (ou plutôt, dans le cas actuel, comme auditeurs). Un peloton d'anciens soldats sera également désigné pour représenter l'ennemi ; son chef recevra des instructions détaillées sur ce qu'il aura à faire. Comme dans l'enseignement de jour, le premier acte sera l'approche d'un peloton ennemi ; les élèves verront ainsi immédiatement la destination principale du cordon de sentinelles : *pourvoir à la sécurité de la grand'garde qui se repose sur leur vigilance;* ils verront aussi le danger auquel les sentinelles

elles-mêmes s'exposeraient si elles manquaient d'attention et de prudence, vis-à-vis d'un ennemi qui s'approcherait en se glissant à la dérobée, pour tâcher de les surprendre. On ne commencera pas par parler au conscrit des mots d'ordre et de ralliement ni de l'interrogatoire qui doit suivre lorsque ces mots ont été donnés d'une manière exacte; on ne s'attachera d'abord qu'à lui faire remarquer que les sentinelles doivent écouter avec la plus extrême attention et regarder autour d'elles autant que l'obscurité le permet, pour découvrir aussitôt que possible l'approche de l'ennemi, comment elles crient *Halte! Qui vive!* à l'arrivant que l'on entend peut-être déjà, mais que l'on ne voit pas encore ou qu'on ne voit que d'une manière indistincte; enfin, ce qu'elles font ensuite, suivant qu'on a ou qu'on n'a pas obéi à leur injonction. Nous ne déterminerons pas ici ce qu'on devra commencer à montrer au jeune soldat, soit l'approche d'une patrouille ennemie, ou bien l'attaque impétueuse d'un peloton, ou bien encore une tentative de l'ennemi pour surprendre les sentinelles par ruse; cela doit être laissé à l'appréciation de l'officier instructeur, qui choisira les exemples qu'il croira les plus propres à faire bien comprendre aux jeunes soldats les conditions principales de la vigilance nocturne et de la prudence d'une sentinelle; après plusieurs exemples de cette nature, il passera à l'application suivante.

Cette application consistera à montrer comment des sentinelles doivent, avant toutes choses, se garder contre les attaques à l'improviste et contre les surprises, et comment, dans ce but, elles doivent interpeller, demander les mots d'ordre et de ralliement, et enfin questionner.

Le conscrit a déjà entendu le cri de *Halte! Qui vive!* dans sa véritable application; il a vu ce qui doit arriver dès qu'on n'a pas obéi à cette injonction; il a donc compris l'importance capitale, le but principal de cette formalité, et si plus tard le cas se présente où elle peut lui être utile pour sa sécurité, il se souviendra sans doute de cette première impression.

Dans le même ordre d'idées, il sera facile de faire comprendre aux recrues le but des mots d'ordre et de ralliement; on fera voir alors quelques exemples où une patrouille rampante, ou bien une patrouille de ronde, s'arrête tranquillement à l'injonction, donne ces mots dans les règles, et où celui qui a été appelé s'est fait reconnaître comme appartenant à la grand'-garde.

On se contentera, pendant un certain nombre de séances, d'exercer les jeunes soldats sur ces deux cas, opposés en apparence, mais qui résument les deux conditions essentielles du service de nuit : 1° la conduite à observer dans le cas d'une entreprise de la part de l'ennemi ; 2° la marche à suivre pour le service intérieur de la ligne des avant-postes.

Comme dans les séances de jour, les jeunes soldats, après avoir assisté à la leçon comme spectateurs, seront placés eux-mêmes en sentinelles, pour appliquer ce qu'ils auront vu faire; lorsqu'ils auront acquis une certaine habitude de ce service de nuit, on les initiera à quelques cas plus compliqués, ceux par exemple où des troupes ou des officiers inconnus, mais appartenant à la même armée, ou bien des civils, veulent traverser la ligne des avant-postes; ou encore ceux où des parlementaires et des déserteurs se présentent, sans qu'on sache si ces individus ne sont pas dangereux ou si on n'a pas à faire à un ennemi déguisé.

A cette occasion on ne devra pas surcharger la mémoire du jeune soldat d'un trop grand nombre de règles et d'exceptions. Il est malheureusement impossible, dans ces exercices faits en temps de paix, d'éviter d'avoir recours à l'imagination et à des signes de convention pour représenter les amis, les ennemis, les civils, parlementaires, transfuges, déserteurs, etc.; mais il faut éviter que cela donne lieu à des règles trop compliquées ou à certains formulaires de questions pour chaque cas, ou pour les variétés qu'ils peuvent présenter, comme par exemple lorsque, dans la nuit, des troupes commandées prétendent, en revenant, être parties avant que le mot ait été donné et par suite ne sont pas en état de le dire; lorsque des personnes civiles assurent qu'elles apportent des nouvelles importantes; lorsque des déserteurs ennemis affirment qu'ils sont poursuivis par les leurs, et ainsi de suite.

On amènera dans le cours des exercices l'un ou l'autre de ces cas, et au lieu de prescrire au jeune soldat en sentinelle des règles ou des questions déterminées d'avance, on laissera à sa sagacité le soin de trouver ce qu'il faudrait faire; le plus souvent son bon sens naturel, exercé dès l'origine par cet enseignement pratique, trouvera la vérité plus facilement que par la méthode ordinaire, qui fausse l'esprit en le surchargeant de formules et de règles théoriques aussi nombreuses que les cas particuliers.

Lorsque l'élève ne trouvera pas la véritable voie, on l'y ramènera en lui faisant comprendre par des explications intelligentes les conséquences fâcheuses que son erreur pourrait entraîner.

Comme conclusion de cet enseignement, on devra faire des exercices dans lesquels des grand'gardes entières et leur cordon de sentinelles seront exclusivement composés de recrues, tandis que les anciens soldats serviront à former les patrouilles ou les détachements ennemis qui de temps à autre s'avanceront pour attaquer.

Si dans les premières séances les jeunes soldats n'étaient que de simples spectateurs, qui à l'aide des explications de l'officier prenaient une idée nette de leur devoirs dans le service en campagne, dans ces derniers exercices au contraire, tout en restant sous la direction particulière de l'instructeur, ils seront en quelque sorte émancipés, et exercés graduellement à pratiquer eux-mêmes; ils auront le choix de la marche à suivre dans les cas qui se présenteront et l'instructeur n'interviendra que pour leur faire remarquer après coup les fautes qu'ils auront pu commettre.

Nous arrivons au service *des patrouilles des postes entre eux*, qui doit être l'objet d'exercices spéciaux; en temps de paix on n'y habitue pas assez les soldats, parce que son importance n'apparaît pas au même degré qu'en temps de guerre en présence de l'ennemi.

Dans les exercices d'une courte durée qui ont lieu habituellement sur un terrain choisi, les postes sont placés assez près les uns des autres pour que les hommes puissent se voir pendant le jour et pour qu'il soit difficile de se glisser entre eux pendant la nuit. C'est ce qu'on appelle communément *la règle*, en recommandant en principe de s'en rapprocher le plus possible. Mais, comme nous l'avons déjà fait remarquer, en guerre c'est la règle dont on ne trouve qu'exceptionnellement à faire l'application, tandis qu'au contraire ce sont les cas imprévus et réputés exceptionnels qui dominent le plus souvent. Ainsi ce n'est que dans des circonstances rares, que, rencontrant un terrain très-favorable et ayant un effectif suffisant, on pourra se couvrir d'un cordon de postes étroitement liés les uns aux autres; tandis qu'au contraire il arrivera presque toujours que la configuration du terrain ou la faiblesse numérique de la troupe empêcheront de placer les postes assez près les uns des autres pour qu'il ne soit pas possible, notamment la nuit, de se glisser entre eux. On ne peut éviter ce danger qu'en faisant faire par les sentinelles des patrouilles d'un poste à l'autre, entre leurs positions respectives. En effet, si une grand'garde n'a pas assez d'hommes pour fournir une ligne continue de sentinelles doubles, elle pourra encore moins faire circuler des patrouilles spéciales le long de cette ligne.

Cette instruction doit donc être l'objet d'un enseignement consciencieux, compris dans les exercices nocturnes du service des avant-postes et suivant de près les premières séances. Dans ce but, en plaçant les postes, on les espacera intentionnellement de façon qu'il soit possible de se glisser dans les intervalles qui les séparent; on désignera quelques anciens soldats pour représenter l'ennemi essayant de passer à travers la ligne; on commencera par faire occuper les postes par d'anciens soldats, puis on montrera aux conscrits, d'abord simples spectateurs, comment on doit se comporter dans ces patrouilles de poste à poste, et on leur fera mettre ensuite en pratique ce qu'ils auront vu faire.

Voici la meilleure manière d'organiser ces patrouilles.

A la nuit tombante, dès qu'un poste ne peut plus surveiller l'espace qui s'étend de sa place jusqu'à l'un des postes voisins ou jusqu'à ces deux postes à la fois, les patrouilles doivent commencer, sans qu'il soit besoin pour cela d'un ordre spécial de l'officier de garde, ce qui n'empêchera pas ce dernier de rappeler ce service et de le faire contrôler de temps à autre.

L'un des deux hommes du poste (1) doit toujours faire la patrouille jusqu'au poste voisin, tandis que l'autre ne bouge pas. Les deux hommes alternent ainsi, de manière que les patrouilles soient faites dans les deux directions, tantôt vers l'un, tantôt vers l'autre des postes voisins.

Ces patrouilles ne doivent point consister en des allées et venues rapides d'un poste à l'autre; elles doivent être faites au contraire avec prudence, en marchant avec précaution, afin que le bruit des pas n'empêche pas de percevoir les autres bruits. Tous les vingt ou trente pas, ou dès qu'il entend un bruit suspect, l'homme s'arrête et écoute avec la plus grande attention; si c'est quelqu'un qui s'approche, il l'interpelle absolument comme s'il se trouvait au poste, car en ce moment il n'est autre chose qu'une sentinelle ambulante. Si l'individu interpellé s'arrête et répond, on lui

(1) On rappelle ici que ces *postes* ne sont autre chose que des *sentinelles doubles*. F. L.

demande le mot d'ordre et de ralliement de la manière habituelle; si le mot est juste et si la personne interpellée se trouve appartenir à une patrouille de la même grand'garde ou au peloton qui relève les postes, ou être un supérieur personnellement connu de l'homme en patrouille, celui-ci laisse passer; si c'est un homme du poste voisin qui est également en train de faire une patrouille, les deux hommes peuvent retourner à leurs postes respectifs, car ils ont pour le moment atteint leur but, qui est de surveiller l'intervalle qui les sépare.

Si les individus interpellés donnent bien le mot, mais s'ils appartiennent à d'autres corps, le soldat en patrouille les conduit à son poste, et va avec un des arrivants à la grand'garde, laissant les autres sous la surveillance de son camarade.

Le cas le plus embarrassant est celui où le soldat en patrouille reconnait que les arrivants appartiennent aux troupes ennemies, soit à leur uniforme, soit parce qu'ils ne se sont pas arrêtés à son injonction ou qu'ils ont donné un mot inexact; dans ce cas il ne doit pas hésiter à faire feu immédiatement, mais les avis sont partagés sur ce qu'il doit faire ensuite.

Les uns veulent qu'après avoir fait feu le soldat revienne d'abord à son poste, communique à son camarade ce qui vient de se passer, et se hâte ensuite d'aller faire son rapport à la grand'garde. Ce serait incontestablement le parti le plus dangereux, car si l'ennemi a essayé de traverser la ligne des sentinelles avec l'intention d'attaquer la grand'garde, le coup de feu du soldat en patrouille, loin de lui faire abandonner son projet, le déterminera à s'avancer plus rapidement dans la direction du point où il suppose que se trouve la grand'-

garde, surtout s'il est entreprenant. Si donc le soldat est revenu à son poste pour se rendre ensuite à la grand'-garde, l'ennemi peut facilement y arriver avant lui; en effet, si la grand'garde a pris les armes au coup de feu, comme c'est son devoir, elle attendra évidemment avant de bouger la répétition de ce coup de feu, ou un rapport sur la cause qui l'a motivé, et si l'ennemi marche toujours pendant ce temps, elle peut se trouver subitement attaquée, ce qui entraînerait nécessairement des conséquences graves.

D'autres pensent que la sentinelle qui rencontre l'ennemi en faisant sa patrouille vers les postes voisins, doit après avoir fait feu aller immédiatement faire son rapport à la grand'garde; mais cela aurait inévitablement pour conséquence que l'ennemi, suivant à la piste le soldat battant en retraite, et le prenant ainsi pour guide, arriverait en même temps que lui sur la grand'garde, qui serait encore attaquée à l'improviste.

La meilleure manière de procéder paraît devoir être la suivante.

Le soldat en patrouille de poste à poste, qui a rencontré l'ennemi et qui a tiré dessus, doit le surveiller de l'œil pour observer ce qu'il va faire. Si c'est une patrouille rampante qui a essayé de se glisser à travers la ligne, il est très-probable qu'elle se retirera après le coup de feu tiré sur elle. Alors le soldat en patrouille n'a pas autre chose à faire que de s'assurer qu'il en est réellement ainsi, puis de retourner à son poste pour donner connaissance à son camarade du voisinage de la patrouille ennemie, et d'aller ensuite informer la grand'-garde de la cause du coup de feu qu'elle a entendu.

Si c'est un peloton ennemi qui a été découvert dans

l'intérieur des lignes, il est toujours possible que le coup de feu tiré sur lui le détermine à s'arrêter, sinon même à battre en retraite. Dans le premier cas le soldat en patrouille doit continuer à tirer jusqu'à la retraite complète de l'ennemi. Dès que ce but est atteint, il va, comme il vient d'être dit, informer son camarade et la grand'garde de ce qui s'est passé. Mais si le détachement ennemi ne s'est pas arrêté, ou qu'après avoir suspendu un instant son mouvement, il continue à s'avancer malgré le coup de feu qu'il a essuyé, le soldat en patrouille doit rester en face, faire feu dessus à plusieurs reprises, presque sans interruption même, tout en cherchant à se retirer dans une direction qui ne conduise pas droit à la grand'garde, et comme il est très-probable qu'alors l'ennemi suivra le soldat, dans l'espoir que celui-ci bat en retraite vers sa grand'garde, non-seulement il sera trompé par la fausse direction du soldat, mais encore la grand'garde et toute la ligne des avant-postes sont averties par les coups de feu répétés du danger qui les menace; de plus, la répétition des coups de feu leur indique par où l'ennemi s'avance. Les patrouilles mises en mouvement et les postes voisins, s'ils reconnaissent que leurs communications avec la grand'garde sont compromises, doivent se diriger vers le point où les coups de feu se font entendre. Dès lors il n'y a plus de surprise à craindre, car il est à présumer qu'il se trouvera bientôt dans le voisinage du soldat battant ainsi en retraite, d'autres hommes qui pourront observer l'ennemi qui s'avance, et qui, s'ils ne parviennent pas à l'arrêter par leur feu, indiqueront du moins la direction de son mouvement.

Alors, mais seulement alors et non auparavant, le soldat qui étant en patrouille a le premier aperçu l'ennemi et, a pu le mieux apprécier sa force parce qu'il l'observe depuis plus longtemps, se rendra auprès de la grand'garde pour faire son rapport; jusque-là il devra bien se pénétrer que ses coups de feu sont pour la grand'garde le rapport le plus expressif et le plus rapide, en même temps que la manière la plus énergique de l'avertir du danger qui la menace.

On diffère également d'avis sur la manière dont le soldat en patrouille doit se faire reconnaître en arrivant au poste voisin ou en rentrant à son poste. Les uns veulent que les mots d'ordre et de ralliement soient échangés chaque fois. D'autres, craignant que ces signes de reconnaissance répétés trop souvent puissent être surpris par un ennemi qui se serait glissé dans le voisinage, veulent que les postes conviennent mutuellement de signaux; mais le soldat ne trouvera dans ce genre que des moyens élémentaires (comme siffler, tousser, donner un coup sur son arme), qu'un ennemi caché pourrait facilement saisir et imiter, et au moyen desquels il pourrait surprendre un poste et l'enlever —; si on veut employer des mots, des phrases, il en peut naître une confusion et des malentendus qu'on peut se figurer aisément, quand on sait combien les soldats ont déjà de peine à se souvenir des mots d'ordre et de ralliement.

Il paraît préférable que le soldat en patrouille dise simplement son nom pour se faire reconnaître. Les hommes d'une grand'garde sont presque toujours de la même compagnie et se connaissent ordinairement par leurs noms; il est donc facile en plaçant les postes ou en les relevant, de prendre soin de faire connaître aux deux hommes de chaque poste les noms de ceux des postes voisins. Dans le cas où un poste voisin appartiendrait à une autre grand'garde, les hommes ne se connaissant pas, commenceraient par échanger régulièrement les mots d'ordre et de ralliement, puis ils se communiqueraient réciproquement les noms des hommes des deux postes, pour s'en servir ensuite comme cela vient d'être dit (1).

Lorsqu'une ou plusieurs personnes inconnues, mais paraissant avoir des intentions pacifiques, se présentent aux avant-postes, on doit toujours les faire attendre en dehors de la ligne que l'officier de garde, qu'on a fait prévenir, ait envoyé la troupe d'examen pour les interroger (2) (*examinir trupp*).

En général les sentinelles doivent autant que possible se garder de questionner, et laisser ce soin à ceux qui sont envoyés pour cela.

L'examen le plus sérieux des arrivants consiste à observer avec grand soin comment ils se comportent, comment ils répondent aux questions multiples et diverses qui résultent précisément des circonstances du moment, mais qu'on ne saurait déterminer d'avance; enfin cet examen consiste encore à discerner tout ce qui peut frapper et paraître suspect dans le costume, la manière

(1) Outre sa simplicité, ce moyen présente encore un autre avantage, c'est de changer plusieurs fois dans la nuit le signe de reconnaissance, et d'en rendre la surprise plus difficile à l'ennemi (F. L.).

(2) La composition et le rôle de cette troupe d'examen sont indiqués à l'art. 23 du titre II du règlement sur le service en campagne de l'armée prussienne (F. L.).

de s'exprimer, l'embarras de la contenance, la contradiction dans les dires, etc.

Pour terminer ce chapitre il est nécessaire d'examiner si dans les exercices dont la méthode vient d'être développée, il est utile d'employer des cartouches, et à quel degré de l'enseignement il faut le faire.

On ne peut donner à cet égard aucune règle fixe, puisque cela dépend de la quantité de munitions assignée aux troupes; mais on peut indiquer comment il serait à désirer qu'en principe les choses se passassent.

Il faudrait, dans ces exercices, distribuer aussitôt que possible quelques cartouches à blanc aux hommes formant le cordon de sentinelles (anciens ou jeunes soldats). Il n'en faudrait pour cela qu'une faible quantité, qu'il sera toujours possible d'économiser sur celles destinées au tir ou aux grandes manœuvres. L'opportunité du moment où il faut tirer un coup de feu, soit comme signal, soit pour repousser l'ennemi, est un point tellement important, qu'il est indispensable de bien faire voir au conscrit comment il devra s'y prendre pour cela. On ne peut arriver à un résultat certain, que si le coup est réellement tiré, même quand le conscrit n'est que spectateur au lieu d'être acteur; tandis que si on se contentait d'indiquer seulement qu'à tel moment un coup de feu devrait être tiré, jamais on n'arriverait à le lui faire comprendre aussi clairement.

Quand même les jeunes soldats n'auraient pas encore commencé les exercices du tir, il serait toujours facile, dans une courte instruction, de leur apprendre à charger leur arme et à se servir de cartouches à blanc.

CHAPITRE IV.

Du service des pointes d'avant-garde et des patrouilles de flanc.

Ainsi que nous l'avons dit au chapitre II, après l'enseignement du service des avant-postes vient celui relatif aux pointes d'avant-garde et patrouilles de flanc, qui ne doit, pas plus que le premier, commencer par une instruction théorique ; il faut au contraire procéder à une démonstration claire, par des exercices pratiqués sur un terrain approprié, avec un adversaire réellement représenté, qu'on puisse s'attendre à rencontrer à tout moment, et qui apparaisse avec opportunité.

On a l'habitude, pour exercer au service de sûreté d'une troupe en marche, d'aller au terrain d'exercice ou de tir et d'en revenir, précédé d'une avant-garde et suivi d'une arrière-garde avec leurs pointes. On vante même la règle usitée dans quelques armées étrangères, d'exécuter le défilé de parade avec avant-garde et arrière-garde; grâce à ces dispositions, dit-on, la chose devient en quelque sorte pour le soldat une seconde nature.

Il n'est pas difficile de démontrer qu'on ne saurait par ce procédé arriver à aucun résultat sérieux; on peut même craindre qu'au lieu de s'instruire par cette observation continuelle mais inutile des mesures de sûreté en marche, le soldat ne s'accoutume à voir dans cette mise en scène routinière une simple formalité, et à croire que le but est atteint s'il marche de la manière prescrite et en observant les distances indiquées.

Il y a encore un écueil à redouter dans cette marche machinale, les regards dirigés droit devant soi, c'est que le soldat finisse par croire qu'il importe uniquement de faire le chemin, sans tenir compte du terrain et sans scruter les alentours, parce que l'on sait qu'il n'y a pas d'ennemi à voir.

Pour vérifier cette assertion, il n'y a qu'à regarder comment se comportera, dans une manœuvre où on s'attend à rencontrer l'ennemi, le jeune soldat qui n'aura pas vu d'autre image d'une avant-garde ou d'une arrière-garde. S'il est en pointe d'avant-garde, il s'avancera regardant machinalement devant lui ; de temps à autre seulement, il jettera un regard à moitié inquiet, où? Devant peut-être? Au loin? De côté? Sur des obstacles d'où l'ennemi pourrait sortir sans qu'on s'y attendît? Non ! Il regardera en arrière pour s'assurer qu'il se trouve encore à la distance voulue du peloton de tête, distance qui souvent même lui a été prescrite en pas. Et la pointe de l'arrière-garde ? On la verra suivre le peloton de queue encore plus machinalement, sans regarder une seule fois en arrière, comme elle devrait le faire presque sans cesse en campagne, pour découvrir l'ennemi qui pourrait la poursuivre.

Quant aux flanqueurs, la marche pour se rendre au terrain habituel d'exercice et au champ de tir offre peu d'occasions de s'en servir; les jardins, les champs cultivés, etc., empêchent, dans la plupart des cas, de les détacher sur les flancs. Mais si cela a pu cependant arriver de temps à autre, tous les efforts des hommes désignés comme flanqueurs ont eu pour unique but de garder leurs communications avec le peloton et de s'en tenir consciencieusement à la distance indiquée ; on n'attend pas l'ennemi sur les flancs ; le corps en marche doit peut-être se trouver à heure fixe sur le terrain d'exercice, au tir, etc.; on ne peut donc pas se laisser retarder par cette considération, que les hommes détachés sur les flancs devraient coordonner leurs mouvements d'après le terrain, faire des détours et fouiller certaines parties. A bien plus forte raison le chef n'a-t-il pas le temps de donner aux jeunes soldats qui se trouvent parmi ces flanqueurs, une leçon sur ce qu'ils ont à faire. Il semble qu'il importe uniquement de satisfaire à la condition prescrite de marcher avec une avant-garde et une arrière-garde, et autant que possible en couvrant ses flancs. Aussi comment se comportent les soldats instruits de cette façon dans les manœuvres où l'ennemi est véritablement représenté ? Ont-ils d'autre préoccupation que de rester à la distance prescrite ? S'efforcent-ils d'atteindre des points d'où la vue s'étende librement en avant et de côté? Fouillent-ils bien le terrain qui se trouve sur les flancs du corps en marche ? Portent-ils au loin des regards investigateurs ? Non.

Il ne faut pas attribuer ce résultat à la gaucherie ou à l'embarras naturels aux jeunes soldats, car les mêmes défauts se remarqueront chez les anciens ; cela est entièrement dû au mauvais procédé d'instruction.

Pour faire comprendre aux soldats toute l'importance de ce service, il ne faut pas le leur présenter comme une chose secondaire et accessoire, ni mêler son enseignement à celui du service des avant-postes.

On aura besoin, il est vrai, dans les premières leçons relatives aux avant-postes, de se servir de quelques pointes et flanqueurs pour protéger le premier placement du cordon de sentinelles; mais cela n'aura dans ce cas pour objet, que de bien faire voir aux jeunes soldats les précautions dont il est nécessaire de s'entourer en campagne, sur un terrain inconnu, et pour éviter d'être surpris par l'ennemi pendant que l'on place les avant-postes; il faudra même, pour rendre la chose plus claire et plus évidente, faire en sorte qu'un petit détachement ennemi dérange cette opération sans l'empêcher complétement.

Mais dès que l'on voudra passer à l'enseignement complet du rôle des hommes détachés pour couvrir une marche, on devra le faire d'une manière spéciale, en organisant des exercices particuliers.

Pour cela, il faudra choisir d'abord un terrain convenable. Un chemin passant entre des jardins ou des champs ensemencés que l'on ne peut fouler en temps de paix, et où on ne saurait trouver l'occasion de figurer des flanqueurs, ne convient en aucune manière; une plaine d'où on découvrirait à une grande distance autour de soi ne conviendrait pas davantage, car le but des mesures de sûreté, qui sur un semblable terrain ne seraient même pas nécessaires en temps de guerre, ne saurait sauter aux yeux du jeune soldat.

Il est préférable de choisir un bois; toutefois, un bois dont la compacité serait uniforme, et qui s'étendrait sans aucune interruption, ne pourrait présenter qu'une image trop monotone de ce que les hommes auraient à faire pour couvrir une marche, puisqu'ils n'auraient guère qu'à observer la distance réglementaire et à conserver la communication des files entre elles. Si on ne trouvait pas de terrain plus favorable dans le voisinage de la garnison, il faudrait bien s'en contenter; mais alors il faudrait faire apparaître l'ennemi plus tôt, ainsi que cela sera expliqué plus loin.

Pour bien exercer les éclaireurs et flanqueurs, il faut un terrain un peu accidenté, traversé par quelques coteaux ou chaînes de collines, sur lequel quelques parties boisées alternent avec des espaces découverts, et où il se trouve des coupures et des défilés, ou bien un terrain boisé renfermant au moins quelques clairières et quelques parties découvertes.

De même que dans les exercices précédents, les jeunes soldats seront d'abord simples spectateurs, et on fera exécuter sous leurs yeux par d'anciens soldats, le service des pointes d'avant-garde et d'arrière-garde et celui des patrouilles de flanc; pendant ces leçons, l'officier instructeur expliquera aux élèves les motifs des mouvements exécutés sous leurs yeux, et l'ennemi, représenté par quelques anciens soldats, devra se montrer et chercher à pénétrer jusqu'à la troupe en marche, en un point quelconque du chemin qu'elle a à parcourir, soit en venant en tête à sa rencontre, ou en se présentant sur le flanc, ou bien en s'approchant à découvert.

On fera ensuite remplir par les jeunes soldats les fonctions de pointe et de patrouilles de flanc, en les mettant d'abord chacun avec un ancien soldat pour former une file, puis enfin complétement seuls; mais il faudra cependant qu'il y ait auprès de chaque file soit un sous-officier, soit, aux endroits où le jeune soldat a besoin d'une direction toute spéciale, l'officier instructeur lui-même. On peut citer par exemple les cas suivants : lorsqu'il s'agit de faire fouiller un défilé par la pointe d'avant-garde; — lorsqu'il faut atteindre un endroit d'où un homme de la pointe doit être envoyé sur une sommité située à peu de distance du chemin ; — lorsqu'il s'agit de passer par un chemin creux ; — lorsque les flanqueurs ont à longer une chaîne de collines ou la lisière intérieure d'un bois qui s'étend à quelque distance, à côté du chemin que doit suivre le détachement que l'ou couvre ; — enfin lorsque l'on aperçoit le détachement ennemi ou qu'on le rencontre. Dans tous ces cas et dans ceux analogues, l'instructeur devra montrer exactement au jeune soldat ce qu'il a à faire. Deux séances de ce genre lui rendront la chose plus claire et lui apprendront mieux la véritable manière de procéder que plusieurs semaines d'instruction théorique dans les chambres. Bien entendu, les points qui viennent d'être cités ne sont pas les seuls sur lesquels on doive exercer les jeunes soldats; ils ne sont donnés que comme exemples.

On devra cependant éviter, pendant cette première période d'enseignement, de faire fouiller les villages, fermes et maisons isolées, parce que les habitants ne pouvant permettre de fouiller leurs demeures comme on le ferait en guerre, on serait obligé d'indiquer ou de simuler l'opération, ou de la remplacer par une explication verbale, et cela ne pourrait donner au jeune soldat qu'une fausse image et une idée imparfaite de ce qu'il faudrait faire en pays ennemi. Il faut donc bien se garder de lui laisser prendre une première impression de nature à l'égarer par la suite.

Plus tard, dans les grandes manœuvres, lorsqu'il y aura un village à traverser ou à fouiller, il faudra sans doute simuler bien des choses, mais alors cela n'aura plus autant d'inconvénients, parce que le jeune soldat en comprendra mieux le but essentiel, ayant déjà dans sa première instruction appris à fouiller les obstacles sur le terrain, comme il l'aurait fait en guerre.

Pour ces exercices comme pour les précédents, l'ennemi devra être réellement représenté ; il reste à indiquer la manière dont il devra se conduire.

D'abord il faut bien se garder de cette idée fausse, qu'il s'agit de faire dès le commencement, de grandes manœuvres de service en campagne, dans lesquelles deux corps à peu près d'égale force opèrent l'un contre l'autre, et dont les chefs, livrés à eux-mêmes, cherchent à atteindre un but qui leur a été tracé, chacun d'eux tâchant d'obtenir un avantage aux dépens de son adversaire. Ce genre de manœuvres est nécessaire à la vérité, mais il a spécialement pour but l'instruction des chefs, tout en servant à compléter celle des hommes, dans une action commune en grandes masses, et avec des circonstances plus variées; il appartient donc à la période d'instruction complémentaire. Mais si on voulait, en commençant l'instruction des recrues, les faire figurer dans ces manœuvres à alternatives brusques, où les chefs occupés de l'exécution de leur programme n'auraient pas le temps de songer à l'enseignement spécial à leur donner, les jeunes soldats seraient privés de l'instruction élémentaire et solide dont ils ont besoin.

Ces premiers exercices ne doivent donc pas avoir le caractère d'une manœuvre. L'officier qui les dirige doit s'attacher à faire naître des situations et des circonstances instructives, et enseigner d'une manière complète aux jeunes soldats la conduite à tenir dans chacune d'elles. Les hommes désignés pour représenter l'ennemi ne doivent pas agir d'après leurs propres inspirations, ni surtout chercher à remporter des avantages; ils ne doivent être que des instruments servant à faire voir nettement aux jeunes soldats la manière d'agir.

Pour atteindre ce but, il est essentiel que les hommes représentant l'ennemi soient peu nombreux; on les fera entrer en scène soit comme patrouilles rampantes, soit en une patrouille ordinaire, mais forte tout au plus de six à huit hommes, pouvant arrêter ou menacer la pointe d'avant-garde ou les patrouilles de flanc, mais insuffisante pour tenir tête à tout le peloton de jeunes soldats et ne pouvant par conséquent ni s'engager dans un combat de quelque durée, ni arrêter complétement la marche.

L'officier qui dirige l'instruction des recrues, doit faire à l'avance la leçon au chef des hommes désignés pour représenter l'ennemi; il sera même bon qu'il aille avec lui, la veille de l'exercice, visiter le terrain sur lequel l'opération devra se passer. Là, il lui montrera exactement ce qu'il aura à faire. Il n'est guère possible de l'indiquer ici, parce que cela dépend du terrain sur lequel on doit opérer; du reste, pour que les exercices conçus dans l'esprit de cette méthode, soient réellement instructifs, il faut laisser aux officiers instructeurs une certaine latitude dans le détail du programme de chaque séance.

Seulement, il ne sera pas inutile d'indiquer ici par quelques exemples la ligne de conduite à observer par l'ennemi, parce que de cette conduite dépend celle des recrues à instruire.

Ainsi on fera tenir cachée à un endroit convenable, une patrouille rampante ennemie, dans le voisinage du chemin que suit le détachement en marche, couvert par ses éclaireurs. Par cet exemple, les jeunes soldats verront de leurs propres yeux la nécessité de fouiller les obstacles qui se trouvent dans le voisinage du chemin que l'on suit.

Une autre fois, un peloton ennemi s'approchera par devant, ou en flanc, de manière qu'il puisse être aperçu déjà à une certaine distance; cela fournira l'occasion d'enseigner à la pointe d'avant-garde ou aux patrouilles de flanc la conduite à tenir et les rapports à faire.

Ou bien encore, le peloton ennemi se cachera complétement dans un endroit convenable, et en sortira soit avant d'être découvert, soit au moment où il le sera.

Enfin on combinera les mouvements d'une patrouille et d'un peloton ennemis; soit que cette patrouille, étant découverte, se retire sur le peloton et se réunissant à lui revienne en avant; — soit que la patrouille qui s'est montrée la première cherche à attirer sur elle l'attention de la troupe qu'on instruit, tandis que sur un autre point un peleton s'avance ou bien fait irruption; — soit que des patrouilles ou des pelotons se montrent de différents côtés; — soit qu'un peloton ennemi battant en retraite laisse en arrière une patrouille d'observation; — et enfin toutes les combinaisons différentes dont le terrain que l'on a choisi pourra fournir l'occasion.

L'officier instructeur réglera l'ordre dans lequel les différents cas devront se produire, et il veillera soigneusement à ce que les hommes qui représentent l'ennemi, loin de se laisser aller à engager un combat qui dure, renoncent au contraire à l'attaque, et se retirent dès que le peloton des élèves s'approche; ce peloton d'élèves doit toujours être supérieur en force, à l'ennemi.

Cette instruction ayant lieu par section, on ne peut nécessairement y enseigner ce qu'il faudrait faire si on apercevait à distance des détachements nombreux ou supérieurs en force; ces cas doivent, bien entendu, être différés jusqu'au moment des grandes manœuvres. Mais si dans la première instruction on pose bien les bases d'une pratique saine pour la conduite à tenir en présence de l'ennemi dans des circonstances ordinaires, le jeune soldat trouvera aisément sa voie dans les opérations plus compliquées ou accomplies sur une plus grande échelle, surtout si l'on s'attache à rendre les grandes manœuvres aussi instructives que possible pour chaque soldat en particulier.

Il est aussi indispensable pour ces exercices, que pour ceux relatifs aux avant-postes, de donner des cartouches à blanc aux soldats, en vue des coups de feu de signaux et de détresse, qui doivent dans certains cas être tirés par la pointe d'avant-garde ou par les patrouilles de flanc.

Après avoir indiqué ce qu'il est nécessaire d'apprendre aux jeunes soldats pour couvrir la marche d'un corps, au moyen des pointes d'avant-garde et d'arrière-garde et des éclaireurs de flanc, il ne sera pas inutile d'entrer dans quelques détails sur la manière dont ces petits groupes doivent fonctionner.

En ce qui concerne la pointe d'avant-garde, les opinions diffèrent sur la manière de la former.

Les uns veulent la pointe de trois hommes dont deux marchant en avant et le troisième suivant à quelque distance pour maintenir les communications avec le peloton de tête; d'autres la veulent également de trois hommes, mais un seul marchant en avant et les deux autres le suivant à quelque distance; enfin une troisième manière consisterait à former la pointe de deux hommes suivis d'un troisième, mais entre celui-ci et le peloton de tête on intercalerait encore deux autres hommes.

On allègue en faveur de cette dernière forme, que le peloton de tête est mieux gardé; à ceci on peut objecter que le peloton de tête étant généralement faible, surtout après avoir fourni la pointe et les flanqueurs, n'a pas besoin de prendre, relativement à sa sûreté, des précautions dont l'effet se fasse sentir dans un aussi grand rayon, et qu'en augmentant ainsi le nombre des intermédiaires détachés, dans le but de former des relais pour la transmission des rapports, non-seulement on n'augmente pas la vitesse de cette transmission, mais encore on s'expose à ce que les nouvelles soient mal transmises et mal comprises.

Il est donc bien certain que trois hommes suffisent pour une pointe.

Mais si on fait marcher un seul de ces trois hommes en avant, lorsqu'il apercevra l'ennemi il sera très-embarrassé pour en transmettre la nouvelle. S'il va faire son rapport, il perd de vue l'ennemi qu'il a découvert. S'il annonce par des signaux convenus, à ceux qui le suivent, qu'il a vu quelque chose, l'un d'eux pourra s'avancer pour voir ce que c'est et aller en faire le rapport; mais cette manière de procéder ferait perdre beaucoup de temps.

Par conséquent la méthode qui consiste à faire marcher deux hommes en avant et un troisième en arrière à quelque distance, est préférable aux deux autres (1); toutefois il existe encore pour son application des divergences d'opinion et des doutes qu'il est bon d'éclaircir.

Et d'abord où doit se placer le chef d'une pointe (c'est ordinairement un caporal)? Sera-ce l'un des deux hommes qui marchent tout à fait en tête? Doit-ce être le troisième homme, celui qui établit la communication avec le peloton de tête? Cette dernière place est considérée souvent comme celle qui convient le mieux au chef; mais de là ce chef ne pourra pas guider les deux hommes qui sont devant lui, puisqu'ils doivent régler leurs mouvements uniquement d'après la configuration du terrain, qu'on connaît rarement à l'avance; de cette place il verra moins bien l'ennemi que les deux hommes qui marchent devant, et ne pourra ni répondre de l'exactitude des rapports à faire ni même juger s'il y a lieu de faire un rapport.

Il est donc préférable, à tous les points de vue, que le chef de la pointe marche tout à fait en tête avec un deuxième homme.

Maintenant se présente cette question : Qui doit, lorsqu'il arrive quelque chose dont il y a lieu d'informer le chef du peloton de tête, revenir pour faire le rapport? Si le chef de la pointe envoie l'autre homme faire ce rapport, il perd d'abord du temps à donner cette commission et s'expose à la possibilité d'une communication mal comprise ou mal exprimée; cette possibilité deviendra même une probabilité si l'homme qui établit la

(1) C'est celle qui est consacrée par le règlement sur le service en campagne de l'armée prussienne, titre II, art. 7 (F. L.).

communication entre la pointe et le peloton de tête est pris pour intermédiaire de cette transmission. On sait combien déjà il est difficile d'arriver de première main à un rapport exact et intelligible; à plus forte raison, un rapport qui aura passé par plusieurs oreilles et plusieurs bouches sera, neuf fois sur dix, incomplet, incompréhensible, exagéré ou même complétement faux.

Donc, toutes les fois qu'il arrivera quelque chose d'important, soit qu'on rencontre l'ennemi ou seulement qu'on l'aperçoive au loin, le chef de la pointe devra aller lui même faire son rapport, car, dans ce cas, rapporter une nouvelle exacte au peloton de tête est incontestablement ce qui importe le plus, et ce qui doit passer avant toute autre considération.

Maintenant si on trouve utile que le chef, revenant faire un rapport au peloton de tête, fasse rejoindre l'homme qu'il quitte par celui qui était en arrière, afin qu'il y ait toujours deux hommes en avant, on peut se demander s'il ne serait pas préférable en général que les trois hommes formant la pointe ne se séparassent pas dès l'origine, mais restassent ensemble pour précéder le peloton de tête à une distance convenable. Il y aurait d'abord simplicité, chose précieuse dans toute mesure militaire; ensuite les obstacles du terrain dont la pointe doit s'approcher pourraient être fouillés plus rapidement et avec plus de soin que lorsqu'il n'y a que deux hommes en tête.

On pourrait peut-être objecter que la pointe toute entière pourrait tomber dans une embuscade ennemie, sans que le peloton de tête pût en être averti. Mais il faut remarquer d'abord qu'en parlant de placer les trois hommes de la pointe en tête, on n'entend pas dire qu'ils doivent rester constamment les uns à côté des autres; au contraire, il est bien entendu que ce serait au chef, toutes les fois que l'on s'approcherait d'un point où pourrait se trouver une embuscade, à se mettre en garde contre un enlèvement des trois hommes à la fois, soit en envoyant en avant un homme seul vers ce point, ou, suivant les circonstances, en laissant momentanément un homme en arrière à quelque distance. En tous cas, l'un au moins de ces trois hommes aurait le temps de décharger son fusil, et cela suffirait pour avertir le peloton de tête du danger qui le menace.

Ce procédé de laisser les deux hommes à la disposition du chef, pour les détacher suivant les lieux et les circonstances, s'adapterait bien mieux à tous les terrains et à toutes les éventualités, et les obligerait davantage tous trois à une attention continuelle.

Quant aux éclaireurs qui couvrent les flancs d'un corps en marche, on étale souvent, même en temps de paix, un luxe inutile de pelotons détachés et d'un effectif exagéré. Il y a des traités de tactique, et même des règlements, qui renferment des figures indiquant comment un corps en marche doit s'environner d'une atmosphère non interrompue d'éclaireurs. D'après ces figures, la colonne semble encadrée, à une distance de plusieurs centaines de pas, d'un réseau continu et de forme elliptique, composé de files d'éclaireurs; entre ce réseau et la colonne se meuvent en outre des pelotons servant de soutiens. D'après la théorie, une colonne ainsi éclairée ne saurait être victime d'une surprise, et il semble que le tout n'a qu'à se mouvoir simplement en conservant cette formation, pour être complétement à l'abri de tout danger extérieur, pendant toute la durée de la marche.

Mais dans la pratique, si cette belle forme systématique de l'atmosphère d'éclaireurs se conserve à peu près intacte tant qu'on marche en terrain découvert ou dans des bois peu épais non traversés d'obstacles, il en est tout autrement lorsqu'on arrive sur un terrain coupé où les collines et les vallons alternent, où l'on rencontre des ravins à bords escarpés, des fourrés impénétrables, des étangs, des marais et autres obstacles qui font perdre beaucoup de temps.

Le réseau d'éclaireurs si savamment articulé est alors bientôt déchiré. Les éclaireurs et les pelotons de flanc, malgré tous leurs efforts pour percer ou tourner les obstacles, sont en retard sur le corps principal ou s'en éloignent. Alors il arrive que le chef de la colonne, apprenant que les éclaireurs sont restés en arrière ou se sont écartés, est obligé ou d'arrêter la colonne pour rétablir les communications, ce qui peut compromettre le but de la marche, ou bien de s'affaiblir en fournissant de nouveaux flanqueurs, qui une demi-heure après peuvent à leur tour rester en arrière ou s'écarter, ou bien encore de continuer la marche, comptant sur la chance que ses éclaireurs se retrouveront petit à petit. Enfin le cas peut se présenter où le chef de la colonne ne voit pas ou n'apprend pas que les éclaireurs sont retardés ou éloignés, ce qui peut arriver lorsque ceux-ci ne s'aperçoivent qu'ils ont perdu leurs communications que lorsqu'il est trop tard pour les rétablir ; ce cas est le plus dangereux, parce que la colonne et son chef, se croyant couverts par les éclaireurs, continuent à marcher sans être éclairés en réalité.

Il peut arriver aussi que la colonne ait à traverser un défilé, entre des étangs ou dans une partie impraticable, et qu'il n'y ait pas de passage à droite et à gauche pour les flanqueurs; la colonne est alors obligée de s'arrêter, pour qu'ils puissent traverser le défilé et aller reprendre leur position au delà.

Si enfin, malgré tous ces incidents, la colonne, ayant atteint le but de son mouvement, est obligée d'attaquer ou de prendre part à un combat imprévu, ses flanqueurs, lorsqu'ils la rejoindront, seront si épuisés et si isolés les uns des autres, qu'il ne sera guère possible d'en tirer parti pour le combat, surtout s'ils ont, suivant l'expression technique, *côtoyé* la colonne pendant plusieurs heures dans un terrain coupé; cela peut avoir des conséquences d'autant plus graves que la proportion des combattants ainsi paralysés peut être environ du tiers de la troupe, ce système nécessitant généralement quatre sections de tirailleurs pour éclairer un bataillon, une en tête, une en queue et une sur chaque flanc.

Il semble donc nécessaire de rechercher, pour s'éclairer sur les flancs, une disposition plus pratique et répondant mieux aux besoins de la guerre.

Il faut renoncer d'abord complétement aux lignes continues de flanqueurs avec leurs soutiens, se mouvant parallèlement à la colonne; cette disposition est vicieuse et va contre son but, aussi bien en pays découvert que dans les terrains difficiles.

Au lieu de cela, il vaut mieux envoyer des patrouilles de flanc isolées, les renouveler successivement, et, le cas échéant, leur faire occuper des points et des positions propres à couvrir la marche de la colonne.

Le service des éclaireurs dans les grandes colonnes étant généralement fait par la cavalerie, il n'y a lieu de s'occuper, pour rester dans le sujet traité dans ce chapitre, que de la manière d'éclairer la marche d'une troupe d'infanterie, de la force d'un bataillon au plus.

Examinons d'abord le cas où cette troupe peut s'attendre à rencontrer à chaque instant l'ennemi dans sa marche ; on mettra en tête les sections destinées à fournir les tirailleurs ; on enverra en avant une section comme avant-garde proprement dite; cette avant-garde détachera une pointe, de la manière indiquée plus haut, et, suivant que le terrain l'exigera ou le permettra, elle enverra également sur chacun de ses flancs trois hommes comme flanqueurs, destinés à fouiller les obstacles et à chercher à voir le plus loin possible, pour tâcher d'éviter une attaque inopinée. Ces flanqueurs chercheront à se maintenir autant que possible à hauteur de la pointe; mais si le terrain est très-coupé, s'ils ont à traverser des ravins, des fourrés, à tourner des parties impraticables, ils seront forcément retardés, et la pointe ne sera plus éclairée sur ses flancs. Dès que le chef de l'avant-garde s'en apercevra ou qu'il l'apprendra, par un rapport, il enverra immédiatement d'autres flanqueurs remplacer les premiers, qui trop en arrière pour être utiles, rallieront le peloton d'avant-garde, où ils pourront, par une marche tranquille et régulière, réparer leurs forces épuisées.

Ceci ne pourvoit qu'à la sécurité de l'avant-garde. Il faut indiquer maintenant commenton éclairera les flancs du gros du corps en marche; une des sections de tirailleurs marchant en tête de ce gros sera désignée pour fournir les hommes nécessaires à ce service. Lorsqu'on arrivera sur un terrain où la vue ne pourra pas s'étendre soit sur un côté, soit sur les deux côtés à la fois, cette section enverra une ou deux patrouilles de trois hommes chacune, qui devront se maintenir à hauteur de la tête du corps principal, c'est-à-dire à hauteur de la section elle-même; quant à la distance on la fera varier entre une et deux portées de fusil, suivant le terrain. Il sera parfois nécessaire de faire exception à cette règle; par exemple, des fourrés, un marais, un étang, situés dans le voisinage de la route, pourront forcer les patrouilles de se rapprocher, tandis qu'il pourra être utile de dépasser le maximum habituel si on rencontre une chaîne de collines permettant une vue plus étendue sur le flanc.

On devra convenir à l'avance d'un signal avec les patrouilles de flanc, pour le cas où les difficultés du terrain ne leur permettraient pas de marcher à hauteur de la tête; dès que ce signal sera donné, le chef de la section qui fournit les flanqueurs enverra une nouvelle patrouille, qui devra procéder absolument comme la précédente; la patrouille remplacée tâchera de se maintenir aussi longtemps que possible à hauteur du centre de la colonne; dès qu'elle ne le pourra plus, elle ralliera sur la queue. Il résultera de cette manière de relever les patrouilles une succession d'éclaireurs toujours nouveaux, qui, sans que la colonne ait jamais besoin de s'arrêter pour les attendre, la couvriront mieux qu'une ligne permanente et continue de flanqueurs, exposée à chaque instant à s'écarter ou à rester en arrière.

Si les patrouilles de flanc rencontraient l'ennemi, il va sans dire que ce serait à la section qui les a détachées, et qui marche en tête de la colonne, à les soutenir, ce qui lui serait plus facile qu'aux pelotons de flanc habituellement employés, et qui, traversant monts et vallées en dehors des chemins et des sentiers, seraient souvent ou épuisés ou trop en arrière.

Si la section de tête, après avoir fourni plusieurs patrouilles de flanc, se trouve trop réduite, on la remplacera par une autre section, et à la première halte, après avoir rallié tout son monde à la queue de la colonne, elle pourra revenir prendre son rang en tête. Dans les colonnes composées de plusieurs bataillons, chaque bataillon peut être chargé de s'éclairer comme il vient d'être expliqué.

Lorsque la route suivie par la colonne passe auprès d'une colline isolée, ou d'un ravin, ou lorsque d'un fourré épais débouchent des chemins qui viennent rejoindre la route, ou qu'on laisse de côté un défilé, etc., il est nécessaire d'occuper tous ces points, jusqu'à ce que la colonne les ait dépassés ; la section de tête fournit dans ce cas des postes suffisants, qui se replient ensuite sur la queue de la colonne.

Tout ce qui précède est relatif à une colonne marchant *vers l'ennemi,* mais si elle lui présente le flanc ou si elle marche en retraite, les dispositions seront différentes. Lorsque l'on se meut parallèlement au front de l'ennemi, le côté où il se trouve doit être surveillé d'une manière toute spéciale ; dans ce cas les points importants et les débouchés doivent être occupés avec plus de précautions, et à de plus grandes distances, que lorsqu'il s'agit d'une marche en avant. Si l'ennemi s'avance, ces éclaireurs, bien postés, seront mieux en état de lui résister qu'une ligne de flanqueurs ayant déjà à lutter contre les obstacles du terrain. Enfin, dans le cas d'une retraite, ce ne sera que dans des circonstances particulières qu'on aura besoin d'éclairer les flancs de la colonne d'une manière continue, comme par exemple : la marche à travers un pays insurgé ; la présence de partisans ennemis sur la ligne de retraite ; des mouvements tournants ou des mouvements de flanc de la part de l'ennemi, menaçant de couper cette ligne.

Dans ces diverses circonstances c'est encore par des patrouilles que les flancs seront éclairés de la manière la plus favorable; ces patrouilles seraient fournies successivement par des détachements spécialement destinés à cet objet, et marchant en tête de la colonne. Elles rallieraient la queue de la colonne de la manière indiquée pour marcher contre l'ennemi, et ne risqueraient pas de tomber entre ses mains, comme une ligne de flanqueurs embarrassée dans un terrain difficile ou restée en arrière.

Dans la retraite d'une colonne un peu considérable, chaque bataillon serait chargé de s'éclairer. L'arrière-garde de l'ensemble n'aurait à éclairer les flancs que si on faisait une halte de quelque durée, soit pour faire reposer les troupes, ou pour laisser prendre l'avance à un corps considérable, ou pour donner à des colonnes voisines le temps d'arriver à hauteur, etc. Il faudrait alors faire occuper par le gros de l'arrière-garde tous les points par où l'ennemi pourrait, pendant la halte, tomber sur les flancs de la colonne.

On trouvera peut-être que les considérations qui précèdent, sur l'organisation du service des éclaireurs pendant la marche, ne sont pas tout-à-fait à leur place dans un chapitre qui traite de l'instruction du fantassin en particulier; cependant elles étaient nécessaires, car avant de pouvoir enseigner à chacun ce qu'il a à faire sous ce rapport, il faut d'abord connaître bien nettement les principes d'après lesquels le service des éclaireurs peut être appliqué de la manière la plus utile (1).

(1) L'auteur, en discutant la manière d'éclairer les flancs d'une troupe en marche, accorde la préférence aux patrouilles de flanc composées de trois hommes, mais il ne dit pas comment ces petits groupes doivent fonctionner; il garde le même silence sur les pointes d'arrière-gardes; cependant on peut conclure de la lecture attentive du chapitre IV, que la règle de conduite des patrouilles de flanc et des pointes d'arrière-garde, doit être la même que celle développée avec tant de détails pour les pointes d'avant-garde (F. L.).

CHAPITRE V.

Du service des patrouilles.

Le service des patrouilles est un des plus importants qu'un soldat puisse avoir à remplir en campagne, parce qu'il exige à la fois de l'adresse, de l'habileté et de la prudence. Comme on n'a besoin d'y employer qu'un petit nombre d'hommes, on pourra les choisir d'avance parmi les plus aptes à ce service, et s'occuper de le leur enseigner plus particulièrement.

Comme le chef d'une patrouille en est l'âme, il faudra s'attacher à dresser dans chaque compagnie un certain nombre de soldats à cette spécialité en les choisissant, bien entendu, parmi les plus intelligents. Afin que cela ne constitue pas pour eux un surcroît de service, on pourra les dispenser de faction aux avant-postes, dût-on pour cela espacer un peu plus les sentinelles doubles.

Il serait nécessaire d'avoir dans chaque compagnie un cinquième environ de l'effectif en état d'exercer la mission de chef de patrouille; cette proportion permet de ne prendre les hommes à former pour cette spécialité que parmi ceux ayant au moins un an de service, et possédant déjà par conséquent, une solide instruction militaire et une certaine expérience. Ce ne serait qu'en cas de nécessité absolue qu'il faudrait admettre des soldats du dernier contingent.

On devra autant que possible choisir pour cette instruction la meilleure saison de l'année, et celle où l'on a le plus de temps disponible, car chaque séance, pour être réellement instructive, exigera plusieurs heures et principalement des heures de nuit.

Appliquant pour cet enseignement, comme pour les autres parties du service en campagne, les principes qui forment la base de cette méthode, il faut faire voir clairement à la patrouille ce qu'elle doit faire, en opérant contre un adversaire réellement représenté.

C'est ici surtout qu'une instruction théorique précédant la pratique serait inutile et même nuisible; en effet, les cas qui peuvent se présenter dans l'exécution des patrouilles sont trop nombreux et trop différents, tant au point de vue du terrain à explorer, qu'à celui de la position et de la manière d'agir de l'ennemi, pour espérer pouvoir fixer dans la mémoire des soldats les règles et les exceptions qui en résulteraient.

Tandis qu'après des exercices pratiques, et pendant qu'ils sont encore présents à la mémoire, il pourra être utile de donner, même dans les chambres, des explications orales sur les circonstances qui se sont présentées pendant leur durée, notamment au sujet des erreurs et des fautes ; ces explications, suivant immédiatement les leçons pratiques et reposant sur elles, compléteront l'enseignement, et seront bien différentes d'une instruction purement théorique précédant l'application. Il en sera question plus loin.

Le nombre d'hommes qui doivent prendre part à un exercice de détail du service des patrouilles pourra être moindre que pour les exercices précédents; il doit se composer des hommes à instruire, et de quelques autres pour représenter une ligne de postes ennemis à reconnaître; on en emmènera assez pour pouvoir relever ces postes. On instruit à la fois un chef et deux hommes de patrouille; les autres assistent d'abord comme spectateurs, pour voir préalablement ce qu'ils auront ensuite à exécuter eux-mêmes.

Il est utile de signaler dès à présent un genre d'exercice de patrouilles qu'on emploie fréquemment, et qui est contraire à un bon enseignement pratique. Voici ce dont il s'agit : deux lignes d'avant postes sont placées l'une vis-à-vis de l'autre à quelque distance; chacune d'elles envoie vers l'ennemi des patrouilles auxquelles on indique aussi soigneusement que possible ce qu'elles ont à faire; puis on les abandonne à elles-mêmes, pour voir comment elles s'acquitteront de leur tâche et quels renseignements elles rapporteront. Il est évident que dans ce système le soldat manque complétement *de direction,* et qu'il faudrait avoir assez d'officiers ou de bons sous-officiers instructeurs pour en adjoindre un à chaque patrouille; de plus il peut arriver que les deux patrouilles se rencontrent sur le terrain qui sépare les deux lignes d'avant-postes et s'empêchent mutuellement d'arriver jusqu'à la ligne ennemie pour la reconnaître, ce qui ferait manquer le but de cet exercice.

Il est donc préférable et plus instructif de ne placer, dans les commencements, que la ligne d'avant-postes vers laquelle les patrouilles doivent se diriger, et d'admettre que la ligne d'avant-postes qui les envoie est située en arrière d'elles. Cette simple supposition n'introduira pas dans la manœuvre d'élément invraisemblable, car dans la réalité la distance qui sépare les lignes d'avant-postes est telle, que ces lignes n'ont aucune influence immédiate sur l'accomplissement de la mission des patrouilles, dont la sécurité dépend entièrement de leur propre prudence.

Quant au choix du terrain, il est clair que la ligne des avant-postes contre laquelle les patrouilles doivent s'exercer ne doit pas être placée sur un terrain complétement impraticable, ou devant lequel s'étendrait une vaste plaine découverte, où il serait absurde qu'une patrouille d'infanterie se montrât de jour; un terrain de cette nature ne pourrait être utilisé que pour un exercice de nuit.

Le terrain qui convient le mieux est celui où des hauteurs et des dépressions alternent avec des parties plates, et des bois et des buissons avec des espaces découverts, et autant que possible traversé par un ou plusieurs chemins. Ce terrain doit être ainsi non-seulement sur la ligne des avant-postes, mais encore en avant de cette ligne, dans l'espace qu'ont à traverser les patrouilles.

Là, l'officier instructeur placera ou fera placer deux, trois, ou tout au plus quatre postes, sur des points bien choisis. Si on ne pouvait pas trouver de terrain de ce genre à proximité de la ville de garnison, ou, s'il n'y en avait qu'un seul, on pourrait, pour ne pas rester toujours sur le même, transporter la séance d'exercice dans une forêt assez grande, mais d'un seul tenant; les lignes de postes seraient alors placées autant que possible vers la limite des parties fourrées, de manière que les parties plus clairsemées s'étendissent devant leur front.

Dans aucun cas la position des postes ne doit être connue à l'avance, ni même aperçue des patrouilles qui doivent la reconnaître; à chaque pas que celles-ci font en avant, il faut qu'elles s'attendent à rencontrer un poste ennemi; à cet effet le point de départ des patrouilles devra être à environ 3 ou 4 kilomètres de la ligne des postes ennemis.

Si dans les premiers exercices on ne fait arriver les élèves dans le rayon des avant-postes ennemis qu'après avoir parcouru un certain espace, plus tard on les exercera à rencontrer l'ennemi, sous forme de détachements, de patrouilles ou de postes, peu après s'être mis en route.

A cet effet, l'officier instructeur donnera aux élèves une mission conçue très-simplement, par exemple, la patrouille (composée d'un futur chef de patrouille, d'un ou deux hommes pour l'accompagner, et de deux ou trois soldats simples spectateurs), devra s'avancer dans telle ou telle direction, qui lui sera indiquée par le nom d'un village connu, ou simplement par un geste de la main, comme cela arrive souvent en campagne, pour reconnaître si dans cette direction, à la distance de 2 à 4 kilomètres, on rencontre l'ennemi, et dans ce cas pour se renseigner autant que possible sur sa force, sa position et ses mouvements. Bien entendu, la patrouille doit s'attacher à remplir sa mission de manière à ne pas être vue de l'ennemi et surtout à ne pas tomber dans ses mains.

Des instructions plus étendues, des règles tracées à l'avance, ne vaudraient rien; la manière d'agir doit se déduire des circonstances et du terrain, sur les indications données par l'instructeur dans le cours de la séance (1).

(1) Quelques ouvrages militaires recommandent de donner au soldat, en lui enseignant le service en campagne, quelques exemples instructifs tirés de l'histoire militaire; mais outre que peu d'hommes seraient à même de tirer profit de conférences sur des faits historiques, cela ferait encore perdre beaucoup de temps. Il serait plus opportun de garder ces récits pour les nuits de grand'gardes, comme moyen de distraire les hommes tout en leur apprenant les différentes ruses par

Avant d'aller plus loin, il est nécessaire d'examiner comment doivent se mouvoir les deux ou trois hommes dont se composent ces petites patrouilles rampantes, envoyées en avant pour se renseigner sur l'ennemi.

Dans l'armée prussienne, la règle suivante est à peu près générale : deux hommes se tiennent en tête assez près l'un de l'autre, et s'il y en a un troisième, il suit les deux premiers à quelque distance. Bien que cette disposition soit analogue à celle usitée depuis longtemps pour la pointe d'une avant-garde ou d'une grande patrouille, elle ne paraît pas convenir pour une petite patrouille rampante.

Comme une patrouille de cette nature ne peut atteindre son but qu'en se dérobant le plus longtemps possible à la vue de l'ennemi, et même tout à fait si elle le peut, la partie de la patrouille tournée vers lui devra offrir le moins de développement possible; il résulte de là qu'un seul homme doit marcher en avant. En effet, il arrivera très-fréquemment qu'un seul homme pourra se glisser, sans être découvert, dans des fossés, des ravins, des fourrés, ou derrière des haies, des remblais, etc., tandis que cela serait beaucoup plus difficile pour deux hommes l'un à côté de l'autre.

Ce sera le chef de patrouille qui devra ainsi marcher seul en avant, parce qu'étant le plus adroit et le plus prudent, il pourra mieux apprécier le parti à tirer du terrain pour se glisser sans être vu, mieux reconnaître l'ennemi et mieux diriger les mouvements de la patrouille.

lesquelles on peut surprendre l'ennemi, et la prudence nécessaire pour se défendre contre les siennes.

Dans beaucoup de cas, et notamment lorsque l'effectif des grand'gardes sera faible, il suffira de n'adjoindre qu'un seul homme au chef de patrouille. Le jour, cet homme suivra le chef à une distance telle, qu'il puisse le voir constamment, même sur un terrain couvert de végétation ; la nuit, au contraire, cette distance devra être réduite de manière que cet homme puisse toujours entendre son chef ou ses signaux (un coup de sifflet, la toux, etc.) ; sa mission consiste à garantir ce chef d'une surprise, pendant que celui-ci dirige son attention surtout en avant et tout au plus un peu à droite et à gauche ; enfin il doit, s'il arrive quelque chose au chef, en rapporter la nouvelle et donner la raison de l'accident.

Généralement l'adjonction d'un troisième homme à une patrouille rampante n'est qu'un surcroît de précaution. Sur un terrain où la patrouille ne trouvera pour se défiler que des haies, des fossés et autres abris de peu d'importance, il n'est pas admissible qu'elle s'étende sur ses flancs ; il ne restera alors au troisième homme, pour ainsi dire superflu, qu'à suivre le deuxième de la même manière que celui-ci suit le chef. C'est seulement lorsque l'on enverra des patrouilles rampantes dans des bois étendus, ou dans des circonstances particulièrement critiques, comme, par exemple, lorsqu'un ennemi entreprenant est tout proche, que l'adjonction d'un troisième homme peut-être admise. Son rôle consistera alors à protéger le chef de patrouille, du côté où il peut être le plus menacé. Ainsi, par exemple, si le chef de patrouille suivi à distance convenable par le deuxième homme se glisse dans la lisière d'un bois pour observer le terrain découvert qui s'étend au delà, le troisième homme devra se tenir de côté, un peu plus vers l'intérieur du bois pour garder les deux autres dans cette direction.

Ces points étant fixés, revenons maintenant aux procédés d'enseignement.

Après avoir indiqué d'une manière tout à fait générale ce que la patrouille doit faire, l'officier instructeur prendra les devants avec le chef de patrouille et laissera auprès du deuxième et du troisième homme, suivant le cas, un sous-officier pour leur montrer à chaque instant ce qu'ils ont à faire. Les hommes assistant comme spectateurs pour leur instruction préparatoire doivent se tenir assez près de l'officier pour entendre ses explications et pour voir tous les mouvements de l'homme qu'il instruit.

Sur chaque point du terrain exploré, l'officier montrera à l'élève ce qu'il doit faire pour atteindre le but principal de la patrouille, qui est de *rechercher l'ennemi aussi soigneusement que possible,* tout en se gardant de son mieux. Mais le soldat devra avoir toujours présent à l'esprit que la recherche de l'ennemi *est le point principal* et que *le soin de sa propre sécurité* ne doit venir qu'en second lieu; il est nécessaire d'insister sur cette recommandation, le soldat n'étant que trop disposé à mettre sa sécurité en première ligne.

On lui montrera donc que là où le terrain couvert alterne avec les parties découvertes, il ne doit pas s'avancer en prenant par le milieu des bois, mais se tenir assez près du bord pour pouvoir voir au dehors et dominer les espaces découverts; — que dans les grands bois d'un seul tenant il doit à la vérité choisir les parties plus fourrées, mais de manière cependant à pouvoir surveiller les parties plus clairsemées; — qu'il ne doit profiter des ravins et des fossés pour se défiler, qu'autant que de là il peut encore voir au dehors; — qu'il doit gravir les surélévations du sol, de manière à voir par-dessus; — qu'autant que possible il ne doit pas suivre les chemins qui traversent les bois ou les autres terrains coupés, mais qu'il doit les surveiller de côté, et essayer d'en découvrir une certaine longueur, notamment aux points où ils changent de direction.

L'officier instructeur montrera à l'élève d'une manière pratique et pour ainsi dire pas à pas, à tirer parti du terrain. Lorsqu'il rencontrera des espaces découverts, il lui indiquera de quel côté il peut le mieux les tourner, ou si cela devait faire perdre trop de temps, l'endroit permettant de se défiler le plus sûrement possible en traversant rapidement l'espace découvert.

Lorsqu'il aura atteint un point qui lui permettra de voir au loin, comme la lisière d'un bois, le versant d'une colline, le bord d'un ravin, une clairière dans l'intérieur d'un bois, le changement de direction d'un chemin, etc., l'instructeur montrera au soldat qu'il doit s'y arrêter un instant, pour voir s'il ne peut rien découvrir de l'ennemi, en explorant attentivement les environs du regard; il lui fera observer que cet examen ne doit pas se limiter au voisinage immédiat du point qu'il est parvenu à atteindre, mais au contraire s'étendre aussi loin que possible; ainsi, par exemple, c'est d'une hauteur, d'un angle de bois qui avance dans la plaine, du bord d'une dépression de terrain, etc., d'où on peut voir à plusieurs kilomètres de distance, qu'il faut regarder avec le plus grand soin, parce que c'est précisément de points de ce genre que la patrouille peut quelquefois prendre à de grandes distances des renseignements plus importants que ceux qu'elle recueillerait autour d'elle.

Lorsque ainsi dirigée, la patrouille arrivée dans le voisinage de l'ennemi, aperçoit un de ses postes, on lui fait voir qu'elle doit faire tous ses efforts pour se cacher à ses yeux, et que c'est à ce moment qu'elle doit commencer réellement à ramper. Il faut profiter de chaque broussaille, de chaque trou, pour épier l'ennemi et s'approcher de sa ligne d'avant-postes en se baissant et en rampant, manière d'agir qu'il n'est pas nécessaire d'employer tant qu'on n'a pas découvert l'ennemi, afin de ne pas perdre inutilement du temps.

Si l'ennemi à reconnaître se tient tranquille (et dans les premières séances on s'arrangera pour qu'il en soit ainsi afin d'avoir le temps d'instruire les élèves), on fera remarquer à la patrouille qu'elle ne doit pas se contenter d'avoir découvert un des postes ennemis, mais qu'elle doit reconnaître si à côté de ce poste il ne s'en trouve pas d'autres, en lui montrant comment elle doit s'y prendre. Souvent on ne pourra tourner simplement à droite ou à gauche; on sera parfois obligé pour continuer la reconnaissance en restant à couvert, de ramper en arrière pour pouvoir gagner une autre cachette d'où on puisse découvrir et observer un nouveau poste ennemi.

Pendant que l'officier donnera toutes ces indications au chef de patrouille, le sous-officier qui assiste les deux autres hommes, leur montrera qu'ils doivent toujours avoir l'œil sur le chef de patrouille, tout en se tenant assez loin en arrière pour être hors de la vue des postes ennemis; il leur dit de regarder de tous côtés pour découvrir à temps si celui-ci, s'approchant sur les flancs ou par derrière, venait à menacer de couper à la patrouille sa ligne de retraite.

Le chef de patrouille, après avoir découvert les postes ennemis et acquis la possibilité d'indiquer leur position avec assez de certitude, devra, si l'ennemi se tient tranquille, considérer sa mission comme terminée et se hâter de rentrer à sa grand'garde, car le plus important pour le chef qui l'a envoyé en patrouille, est d'avoir promptement des nouvelles de l'ennemi.

Quant à la retraite à opérer, l'instruction de la patrouille s'achèvera d'une manière très-simple. Si le terrain le permet elle rentrera par un autre chemin que celui suivi pour aller, pourvu toutefois qu'il n'en résulte pas un grand retard dans le rapport à faire au supérieur qui a envoyé la patrouille, tant qu'elle sera dans le rayon de l'ennemi qu'elle vient de découvrir, et exposée à en être aperçue, elle devra continuer à se mouvoir avec les plus grandes précautions, l'ennemi pouvant envoyer une patrouille pour lui couper la retraite. Une fois sortie de ce rayon, elle pourra marcher plus rapidement, sans perdre de temps à ramper et à épier, et alors ce sera au deuxième et au troisième homme, suivant le cas, à protéger le chef de patrouille contre une attaque subite par derrière ou sur les flancs.

En ce qui concerne le rapport à faire au retour, on en trouvera le développement dans le chapitre VII, spécialement consacré à ce sujet.

Au début on n'assigne qu'un rôle passif à la ligne d'avant-postes ennemis, pour ne pas compliquer le premier enseignement; mais les exercices ultérieurs devront présenter des alternatives et des éventualités de la nature de celles qui peuvent se produire en présence d'un ennemi véritable.

On fera d'abord circuler des patrouilles le long de la ligne des avant-postes ennemis, ou bien on relèvera ces postes; l'officier instructeur en profitera pour apprendre au chef de patrouille à déduire du trajet suivi par les patrouilles ennemies et les pelotons qui relèvent les postes, le nombre de ces postes et la direction dans laquelle ils se trouvent. De plus, lorsque ces détachements viennent de l'intérieur de la ligne ou qu'ils y retournent, on peut, d'après la direction qu'ils suivent, deviner celle où se trouve probablement la grand'garde qui les a envoyés, et même apprécier approximativement l'effectif de cette grand'garde d'après le nombre des postes relevés, en l'estimant au moins au triple de celui de ces postes.

On fera aussi sortir des patrouilles de la ligne des postes ennemis, pour apprendre au chef de patrouille qu'on instruit, comment il doit se défiler, ou bien se dérober, s'il est découvert, et, s'il y réussit, comment il lui faut, lorsque la patrouille ennemie s'est éloignée, continuer et compléter sa reconnaissance. Ce sera le cas de lui faire comprendre quelle faute ce serait d'engager une lutte quelconque avec la patrouille adverse, aussi bien au point de vue de sa mission qui serait manquée, qu'à celui de sa sécurité, qui serait menacée par les renforts que recevrait rapidement son adversaire.

Une autre fois, l'ennemi qu'il s'agit de reconnaître

enverra par un détour quelques hommes sur les derrières de la patrouille, afin de faire comprendre au deuxième homme, et suivant le cas, au troisième, qu'ils ont pour devoir de préserver leur chef du danger et montrer à toute la patrouille ce qu'elle devra faire pour se tirer de ce cas périlleux.

On fera aussi sortir en avant des postes ennemis un détachement un peu plus fort, et au besoin toute la grand'-garde, moins ses avant-postes, en faisant comprendre au chef de patrouille que ce mouvement offensif réclame toute son attention, parce qu'il menace le détachement qui l'a envoyé; que dès lors il ne s'agit plus de poursuivre la reconnaissance de la ligne ennemie, mais d'envoyer immédiatement un de ses hommes faire un rapport sur le mouvement de l'ennemi, dès que ce mouvement sera bien dessiné; puis on lui expliquera qu'il doit surveiller le détachement ennemi, et que le meilleur moyen de l'observer sans compromettre sa propre sécurité est de le côtoyer pendant sa marche, en prenant toutes les précautions possibles pour ne pas en être vu.

Comme la ligne d'avant-postes vers laquelle marche l'ennemi est seulement fictive et qu'on ne peut représenter une attaque dirigée contre elle, on fera arrêter le détachement ennemi en un endroit quelconque; là, on pourra lui faire placer de nouveaux avant-postes; on enseignera alors à la patrouille rampante comment elle devra les observer pour en faire ensuite un rapport.

Pour exercer l'intelligence des chefs de patrouille, on pourra les faire arriver devant l'ennemi, au moment où celui-ci est encore occupé à placer sa ligne d'avant-postes; si la patrouille sait mettre cette circonstance à profit, il lui sera plus facile de reconnaître cette ligne de postes que si elle était déjà établie; en effet, le peloton qui les place indique en quelque sorte la direction suivant laquelle s'étendent ces postes et leur nombre.

Enfin, on peut encore réaliser le cas où, tandis que la patrouille rampante observe la ligne des postes ennemis pour la reconnaître de plus près, l'ennemi retire ses postes et fait un mouvement quelconque avec tout son effectif, soit dans la direction de la ligne des avant-postes supposés, soit de côté ou en arrière. Il faut alors montrer à la patrouille rampante qu'il ne suffit pas d'observer le retrait des postes et d'en envoyer l'avis immédiatement, mais qu'on doit observer ce que l'ennemi entreprend ensuite. En enseignant à la patrouille rampante ce qu'elle doit faire en présence des circonstances du terrain et des mesures que prend l'ennemi, on trouvera l'occasion de lui donner une leçon très-instructive.

Sans avoir prévu tous les cas du service des patrouilles, on a indiqué cependant ceux qui se présentent le plus fréquemment; les procédés d'exécution qui viennent d'être exposés sont applicables le jour; il faut parler maintenant de ceux qu'on devra employer la nuit.

L'enseignement nocturne sera organisé d'une manière analogue à celui de jour, mais on pourra le simplifier sur deux points.

D'abord le terrain n'a pas besoin d'être choisi avec autant de soin, parce qu'il est admissible que la nuit on peut s'approcher d'une ligne ennemie, sur un terrain peu coupé et même dans une plaine.

Ensuite la nuit, le point de départ de la ligne des postes n'a pas besoin d'être aussi éloigné, c'est-à-dire que si dans le jour la leçon doit commencer hors de la portée de la vue des postes à reconnaître, il suffira la nuit de partir d'une distance de un à deux kilomètres. Les premières leçons seront, comme dans l'enseignement de jour, limitées à la reconnaissance d'une ligne de postes se tenant en repos, et peu à peu on passera aux combinaisons plus compliquées.

L'officier instructeur s'attachera à faire remarquer la différence essentielle qui existe entre les deux manières de procéder de jour et de nuit. Le jour tout repose principalement sur la vue; c'est l'œil qui doit épier; la nuit, au contraire, c'est l'ouïe qui joue le principal rôle, parce qu'on entend généralement ceux qui s'approch t avant de les voir. Mais comme le bruit que l'on fait en marchant, celui produit par les armes et l'équipement, pourraient empêcher d'entendre, on apprendra au soldat à s'arrêter de temps à autre pour écouter. Il faudra aussi recommander au soldat d'éviter autant que possible, la nuit, de passer dans les taillis et les broussailles, à cause du bruit produit par le craquement des branches et du bois mort; c'est là une différence essentielle entre les manières d'agir des patrouilles de nuit et de jour.

Pour faciliter les débuts de cette instruction de nuit, on fera en sorte que la ligne d'avant-postes ennemis ne reste pas complétement sans bruit et sans mouvement; ainsi que cela arrive d'ailleurs en guerre, on lui fera faire à l'ennemi des patrouilles de poste à poste, ou relever les postes, ou bien circuler une ronde que les postes interpelleront. On dire aux élèves qu'en approchant de la ligne à reconnaître, ils doivent observer toutes ces circonstances, pour tâcher d'en déduire la position approximative des postes ennemis. On leur montrera ensuite à s'avancer en redoublant de précautions, dans la direction où ils ont entendu appeler, afin de tâcher de reconnaître la position des autres postes, qui doivent vraisemblablement se trouver à droite et à gauche.

L'instructeur décidera d'après les circonstances si, dès les premières séances de nuit, il doit enseigner à l'élève à épier les signaux de reconnaissance de l'ennemi; cela peut dépendre du terrain plus ou moins favorable, de l'obscurité plus ou moins grande, etc.

Lorsque la patrouille peut s'approcher assez près pour surprendre les signaux de reconnaissance, il faut recommander au chef de patrouille de s'approcher seul, tandis que ceux qui le suivent restent en arrière immobiles et sans faire de bruit. Le chef de patrouille doit autant que possible s'avancer en rampant, s'arrêtant chaque fois qu'il a fait quelques pas, pour se convaincre que le poste dont il s'approche ne s'est aperçu de rien. S'il a réussi à surprendre un signal de reconnaissance, il se retirera de la même manière, en rampant et en se glissant, mais alors autant que possible sans s'arrêter, afin de rapporter rapidement les signaux qu'il a surpris pour qu'on puisse en mettre au besoin la connaissance à profit dans une entreprise contre l'ennemi.

Après avoir montré aux soldats à reconnaître une ligne de postes ennemis et à surprendre ses signes de reconnaissance, on leur apprendra à se glisser à travers cette ligne pour tâcher d'arriver à reconnaître la position de la grand'garde. Pour décider s'il est plus prudent de faire tenter cette entreprise par le chef de patrouille seul ou par toute la patrouille à la fois; on remarquera que le danger n'est à redouter que si l'ennemi aperçoit la patrouille, et que dès lors le meilleur moyen de n'être pas découvert est de n'y employer que le chef de patrouille, qui étant seul parviendra plus facilement à se dissimuler que deux ou trois hommes. Pendant qu'il cherchera à pénétrer par le point le plus favorable de la ligne ennemie, celui ou ceux qui l'accompagnent resteront dans le voisinage de ce point pour attendre son retour.

La manière d'opérer du chef de patrouille consistera principalement alors à s'arrêter continuellement et à écouter, afin de pouvoir conclure, du chemin suivi par les patrouilles ennemies et par les pelotons qui vont relever les postes ou de tout autre indice, le point où se tient la grand'garde; il cherchera alors à s'en approcher le plus possible, en évitant par des détours la sentinelle devant les armes, et tâchera d'en apprécier la force, notamment en remarquant, s'il le peut, le nombre de faisceaux. Il sortira ensuite de la ligne des postes avec les précautions qu'il a prises pour y entrer, et rapportera aussi rapidement que possible les renseignements qu'il aura recueillis.

Dans ces exercices de nuit, on fera sortir, comme dans ceux de jour, des patrouilles de la ligne des avant-postes ennemis, pour préparer une embuscade à la patrouille rampante ou essayer de lui couper la retraite. Cela fournira l'occasion d'exciter la vigilance des élèves et de leur apprendre comment ils doivent éviter ces dangers ou les conjurer lorsqu'ils se présentent.

Pour compléter cette instruction, on peut l'organiser de manière que les patrouilles de nuit se relient aux patrouilles de jour. Dans ce but, on fera arriver la patrouille devant la ligne des postes ennemis, un peu avant le crépuscule, et à ce moment on fera quitter à cette ligne sa position de jour pour prendre celle de nuit. Il sera extrêmement utile d'apprendre au chef de patrouille à bien observer ces changements de position de l'ennemi et à savoir en faire un rapport clair et intelligible; aussi cet enseignement vaut-il la peine d'être développé d'une manière spéciale. L'observation du changement de position des avant-postes ennemis au point du jour devra également faire l'objet d'exercices analogues.

Tout ce qui précède a principalement pour but d'indiquer dans quel sens l'instruction de détail des chefs de patrouille doit être dirigée; les quelques situations mentionnées comme exemples n'embrassent pas tous les cas qui peuvent se produire à la guerre, mais l'officier intelligent saura en trouver d'autres et multiplier les combinaisons.

On a bien prétendu que le service des patrouilles reposait sur des principes si simples qu'il suffisait de les inculquer au soldat, pour qu'il sache trouver ensuite, par l'habitude acquise dans les grandes manœuvres, assez d'initiative pour agir seul. Mais les fautes nombreuses qui sont commises dans les grandes manœuvres contre les règles les plus élémentaires du service des patrouilles, lorsque ces règles n'ont été enseignées que d'une manière théorique, prouvent suffisamment la nécessité d'une instruction pratique, comme celle exposée dans ce chapitre.

On pourrait encore objecter que cette instruction est de nature tellement variée que le temps pourrait manquer pour la faire marcher concurremment avec les autres exercices, déjà si nombreux.

D'abord, puisqu'on n'a besoin de former qu'un certain nombre d'hommes de chaque compagnie, et principalement des caporaux au service de chefs de patrouille, on peut s'en occuper en même temps qu'on exerce le reste de la compagnie sur d'autres parties du service. En outre, en raison du petit nombre d'hommes à former à ce service spécial, on peut choisir, à n'importe quelle époque de l'année, les moments les plus commodes pour l'enseigner sans entraver le reste de l'instruction.

CHAPITRE VI.

Du service des camps et des cantonnements.

Pour ce service comme pour les autres, on ne peut qu'insister sur le principe établi d'une manière générale, qu'un enseignement théorique ne saurait avoir aucun résultat pratique, surtout si le soldat ne doit trouver que longtemps après, l'occasion de l'appliquer.

Dans les cantonnements comme dans les camps, il se divise en deux parties : le service intérieur des compagnies, et le service de garde et de sûreté.

Pour le service intérieur, sans qu'il soit nécessaire que le soldat sache répondre à l'avance sur les principes qui le régissent, il sera bon de lui faire connaître, par des ordres simples et précis, ce qu'il devra faire dans les cas principaux, ses devoirs dans cette situation n'étant naturellement pas les mêmes qu'en garnison.

Ces ordres, donnés immédiatement avant l'arrivée dans les cantonnements, devront indiquer, par exemple, la manière de se comporter avec des habitants, les soins hygiéniques, l'entretien de l'équipement, les prescriptions relatives aux appels, aux inspections, etc. Pour les camps, les ordres à donner avant ou au moment de l'arrivée devront de même avoir trait aux points essentiels du service dans le camp.

Quant au service de garde et de sûreté, on sait qu'il s'exécute en combinant les prescriptions du service de garnison avec celles du service en campagne; ainsi d'une part on rend les honneurs comme en garnison, et d'autre part on prend les mêmes mesures de précaution qu'aux avant-postes contre les entreprises de l'ennemi.

Bien qu'en théorie cette combinaison semble facile, néanmoins dans la pratique il en résulte une certaine confusion qui amène des fautes fréquentes contre les règles.

Aussi pour remédier à cette incertitude, il arrive souvent qu'avant le commencement des grandes manœuvres, pendant lesquelles les troupes auront à occuper des camps ou cantonnements, on exerce les soldats au service de garde des camps, d'abord par petites fractions, puis par détachements plus considérables. On leur enseigne la manière d'agir dans les postes et d'interpeller pendant la nuit; puis on les mène dehors, dans un camp ou bivouac supposé, autour duquel on place des gardes et des postes qui doivent faire le service complet pendant le jour et pendant la nuit.

Mais ce genre d'exercice n'offre pas l'avantage de faire voir nettement les choses; il ne permet d'enseigner que les formes, et relègue au second plan le soin, plus important, de se garder contre les entreprises de l'ennemi. Aussi le jeune soldat, loin d'y apprendre la véritable manière d'agir au moment critique d'une attaque, risque plutôt, dans la crainte de commettre une faute contre les règles, d'éprouver un embarras qui l'empêchera de suivre les inspirations du sens commun (1).

(1) L'auteur se rappelle avoir vu dans une manœuvre le poste d'une troupe cantonnée, placé à l'entrée d'un village, oublier de signaler en temps utile l'arrivée de la cavalerie ennemie, qui était très-facile à reconnaître, parce que ce poste était occupé à rendre les honneurs à

Du reste, pour obvier à ces inconvénients, il ne devrait y avoir que deux sortes de service de garde; le service de garde en temps de paix, et le service de garde en temps de guerre.

Le service de garde en temps de paix, dont les formes et les prescriptions doivent être réglées d'après les exigences de l'état de garnison, serait applicable dans les campements ou cantonnements pendant tout le temps qu'on serait assez éloigné de l'ennemi, pour n'avoir rien à en redouter.

Mais dès qu'on pourrait craindre une attaque, le service de garde en temps de guerre devrait aussitôt être mis en vigueur comme devant l'ennemi, et non, comme on le pratique habituellement dans les camps, en mêlant les formes du service de garnison aux mesures de sûreté du temps de guerre.

Le passage d'un de ces états à l'autre serait ordonné en temps utile par le commandant en chef, le commandant de la circonscription ou au besoin par le commandant du détachement.

Cette simplification aurait pour résultat de n'exiger que deux catégories de prescriptions, les unes applicables au service de garnison, et les autres au service en campagne. Alors pour instruire le soldat dans le service de garde des camps et cantonnements on n'aurait pas besoin d'exercices de détail spéciaux; ceux indiqués au chapitre III, peuvent s'appliquer aux gardes de village et de camp, gardes qui, pour assurer la protection contre l'ennemi, doivent naturellement se comporter comme des grand'gardes.

un officier supérieur. Cet oubli fit réussir une attaque entreprise en plein jour par l'ennemi.

Ainsi, lorsque, pendant les grandes manœuvres, les corps opérant l'un contre l'autre installent des bivouacs ou cantonnements, il va sans dire que les gardes placées par ces corps devraient recevoir la consigne de se comporter comme des grand'gardes. La situation se trouverait nettement déterminée, et chaque homme saurait ce qu'il doit faire dans les différents cas qui se présenteraient.

Il est une opinion généralement admise, c'est que le service de garde de garnison, accompli avec les formes usitées en guerre, est pour le soldat une bonne préparation au service en campagne, et lui fait contracter des habitudes qui deviennent pour lui une seconde nature.

Cette opinion doit être combattue; en effet, l'emploi permanent de formes appliquées sans motif apparent amènera le soldat à croire que ses obligations seront remplies lorsqu'il aura observé ces formes réglementaires, dans l'exécution machinale d'un service qui réclame au contraire de l'intelligence et de l'initiative.

Il vaut donc mieux se contenter, dans le service ordinaire de garnison, de règles en harmonie avec l'état de paix, sans chercher à y introduire des formes qui ne seraient que la parodie de l'état de guerre, ce qui n'exclut pas, bien entendu, dans certains cas particuliers, comme par exemple en temps de troubles, l'application des mesures du service de guerre.

CHAPITRE VII.

Manière d'enseigner aux soldats à faire des rapports.

« Avant tout je demande que l'on m'informe à temps « et exactement de tout ce qui arrivera et de tout ce « que l'on apprendra » ; — telle est, dans les grandes manœuvres, comme en campagne, l'éternelle recommandation des chefs, à tous les degrés de la hiérarchie. — « Si seulement j'avais été informé en temps « utile et plus exactement » ; — telle est la plainte de tout chef qui a échoué dans une entreprise ou n'a pas réussi selon ses désirs.

La nécessité de faire de cette partie importante du service en campagne l'objet d'un enseignement spécial, même pour les grades inférieurs et les soldats, est incontestable ; car, bien que les rapports sur les mouvements de l'ennemi émanent plus fréquemment d'officiers, il arrive cependant que ces mouvements sont vus d'abord par des sentinelles ou des patrouilles, et les renseignements qu'elles ont à transmettre dans ce cas peuvent avoir une importance considérable, pour leur grand'garde par exemple, dont la ligne de conduite peut dépendre de la rapidité ou de l'exactitude d'un rapport.

La nécessité d'apprendre, même aux soldats, à faire des rapports exacts, n'étant pas contestée, c'est seulement sur la méthode d'enseignement qu'on diffère d'opinion ; dans celle suivie généralement on attache trop d'importance à l'observation des formes.

D'après cette méthode, les rapports doivent être faits

sur un modèle prescrit, comme un mémoire conçu suivant les règles. Le titre doit indiquer en tête d'où émane le rapport, — poste numéro tant, — patrouille allant à... — pointe d'avant-garde, — flanqueurs, etc.; puis doit venir ensuite, dans un style bref et concis, ce que l'on veut porter à la connaissance du supérieur.

Mais comme cette concision ne peut être que le résultat d'une instruction permettant d'établir une distinction logique entre ce qui est essentiel et ce qui ne l'est pas, et que cette instruction manque dans les rangs inférieurs, on n'arrive à la concision voulue qu'en encadrant les rapports dans des formules déterminées, avec lesquelles on cherche à familiariser les soldats. Pour y arriver, on leur fait souvent apprendre et réciter des modèles de rapports. Il arrive même que des officiers supérieurs et généraux, basent sur ces récitations, dans leurs examens, l'appréciation du degré d'instruction acquis.

Mais le résultat obtenu est loin de répondre à l'attente; car le soldat, en s'efforçant de présenter son récit de la manière prescrite, ne pense qu'à la forme et perd de vue le fond.

Ainsi donc pour apprendre aux soldats à faire des rapports, on devra employer la méthode suivante.

D'abord cette instruction doit marcher conjointement avec l'enseignement pratique des divers services traités dans les chapitres précédents; car si elle fait l'objet de ce chapitre spécial, c'est à cause de son importance.

On devra renoncer aux formules consacrées, et à la prétention d'obtenir des rapports en style correct et concis. Il faudra au contraire exercer le soldat, dans les leçons relatives aux avant-postes, pointes d'avant-garde, patrouilles, flanqueurs, etc., à dire à son supérieur ce qu'il a vu de l'ennemi, vite et en peu de mots, absolument comme il le ferait s'il avait à le raconter à un camarade. Lorsque son rapport ne sera pas assez intelligible, ou qu'il aura omis quelque circonstance importante, on le lui fera sentir par des questions faites *après coup,* mais sans pour cela l'astreindre à recommencer plus régulièrement son récit. Au moyen de ces questions et d'indications succinctes sur ce que l'officier qui reçoit le rapport a besoin de connaître, le soldat sera amené insensiblement à savoir ce qu'il doit surtout dire, et ce qu'il peut au contraire omettre comme étant sans importance. On s'attachera à lui bien expliquer que, dans les rapports qui ont pour but de faire connaître ce qu'il a remarqué chez l'ennemi, il importe d'indiquer avec quelles forces il s'est montré, à quelle distance et dans quelle direction il se trouve, et ce qu'il y fait.

Mais pour que ce rapport puisse être vrai, il faut que celui qui le fait ne quitte son poste d'observation que lorsqu'il aura pu constater la situation aussi complétement que possible. Bien que cela paraisse aller de soi, cette règle est assez souvent négligée dans les manœuvres en temps de paix, pour qu'on puisse craindre avec raison qu'elle le soit en temps de guerre, où l'apparition de l'ennemi produit toujours une certaine émotion. On devra donc, pour y habituer tout particulièrement les soldats qui auront un rapport à faire, leur indiquer chaque fois les circonstances sur lesquelles ils devront porter leur attention avant que de revenir.

Si un poste a par exemple à annoncer l'approche d'un

détachement ennemi, on demandera au soldat chargé de faire le rapport, avant qu'il ne quitte le poste, à combien d'hommes il estime la force de l'ennemi et à quelle distance il juge qu'il se trouve, comment il a l'intention d'indiquer dans son rapport sa direction et ses mouvements, et quelles sont les circonstances qu'il juge assez importantes pour les mentionner.

Lorsqu'un soldat aux avant-postes est obligé, notamment la nuit, de faire feu sur l'ennemi qu'il aperçoit dans son voisinage, il doit bien se garder, après avoir tiré, de partir immédiatement pour faire son rapport, ainsi que cela arrive malheureusement trop souvent. Il doit dans ce cas conserver assez de sang-froid pour observer ce que fait l'ennemi après le coup de feu qu'il a essuyé.

Ou bien la rencontre inattendue du poste et la surprise causée par ce coup de feu détermineront peut-être l'adversaire à se retirer rapidement, ou bien, s'il avait l'intention d'attaquer, il cherchera à se jeter sur le poste.

On expliquera alors à l'élève combien il importe que le commandant de la grand'garde, en apprenant la cause du coup de feu, sache en même temps ce que l'ennemi a fait après; de là la nécessité de l'observer pour se rendre compte de ses mouvements et tâcher en même temps d'apprécier sa force.

Dans les exercices sur les pointes d'avant-garde et les flanqueurs, on fera remarquer au soldat que les observations qu'il doit faire sont d'une nature différente. Ainsi, par exemple, dans un avant-poste, ses observations portent sur les mouvements d'un ennemi qui s'approche, tandis qu'en pointe d'avant-garde il peut le rencontrer au repos. Dans ce cas on devra enseigner à l'homme de la pointe, qui revient pour faire le rapport, qu'il ne doit pas se contenter de venir dire qu'il a rencontré un poste ennemi, mais qu'il doit tâcher de voir si à côté de ce poste il n'y en aurait pas d'autres, et surtout d'observer si l'ennemi paraît l'avoir aperçu.

Dans les séances relatives au service des patrouilles (chapitre V), on devra, tout en montrant aux soldats à se glisser auprès des postes ennemis, leur apprendre sur quoi doivent porter leurs observations, afin de pouvoir faire un rapport aussi complet et aussi clair que possible sur ce qui se passe dans ces postes et sur la position qu'ils occupent. Il ne faut pas leur demander une description technique du terrain : elle ne pourrait être que fort peu claire et exposerait à des malentendus; mais on se contentera de renseignements essentiels sur la position de ces postes, indiquant, par exemple, qu'ils sont auprès d'un pont, sur une hauteur, au bord d'un bois, sur un chemin, leur distance les uns des autres, s'ils paraissent être sur leurs gardes ou bien inattentifs, s'il font des patrouilles de poste à poste, ou si elles s'avancent en dehors de cette ligne; enfin les indications permettant de déduire la position des grands' gardes ennemies, etc. Seulement on laissera ensuite à l'élève le soin de réunir ces diverses circonstances dans son rapport, mais dans son langage naturel, et on lui fera remarquer, par des questions faites après coup, ce qu'il aurait dû dire encore.

Si une patrouille voit des soldats ennemis en marche, l'instructeur fera remarquer, qu'avant de revenir en faire le rapport, on devra d'abord observer si c'est aussi une patrouille, ou bien la pointe d'un détachement plus considérable, et dans ce dernier cas tâcher de voir le détachement lui-même; puis il apprendra aux élèves à réunir dans un rapport intelligible les circonstances les plus importantes, notamment la force du détachement et la direction qu'il suit.

Après avoir appris au soldat à rapporter des faits qu'il a vus lui-même, il faut l'exercer à transmettre les rapports dont il peut être chargé par un supérieur, ce qui semble devoir être plus facile. Mais l'expérience démontre que c'est précisément dans la transmission par voie orale qu'un rapport arrive le plus souvent incomplet et défiguré. Déjà, dans les manœuvres en temps de paix, c'est l'origine de beaucoup de mécomptes; cela arrivera bien plus souvent encore en campagne, où l'expéditeur aussi bien que le transmissionnaire peuvent être l'un et l'autre plus ou moins émus, soit par l'approche de l'ennemi, soit par le commencement d'une attaque et où le premier oublie facilement la règle tant recommandée par Napoléon Ier, de se faire répéter le rapport par celui qu'on charge de le transmettre.

On objectera peut-être qu'il est établi en principe, dans les traités d'art militaire, que tout rapport de quelque importance doit être fait par écrit. Mais dans bien des cas cette règle est inapplicable. Comment, par exemple, le commandant d'une grand'garde, d'un peloton de tête ou d'une patrouille de reconnaissance, pourrait-il pendant la nuit, ou par une pluie battante, mettre un rapport sur le papier? Comment ce commandant qui peut-être vient d'être attaqué à l'improviste, qui est pressé vigoureusement par l'ennemi et qui doit prendre rapidement ses mesures, pourra-t-il mettre le crayon à la main pour rédiger un rapport à son supérieur? Il sera bien obligé, dans ces circonstances, d'avoir recours à l'expédition de rapports oraux; il pourra même arriver qu'il n'ait pas sous la main, pour cette transmission, d'agent intelligent et qu'il soit obligé de prendre le premier homme venu.

Aussi tous les soldats devront être exercés à transmettre exactement un rapport oral. Mais cet enseigne-gnement ne doit point être fait d'une manière théorique dans les chambres; il faut au contraire qu'il résulte des diverses circonstances des séances d'exercice, et qu'on le fasse, soit pendant ces séances, soit peu après.

Immédiatement après l'instruction sur la transmission des rapports, on apprendra aux soldats à s'acquitter de commissions, et à transmettre des ordres ou des questions. On commencera par les cas les plus simples; mais tout en exigeant une transmission fidèle, il ne sera pas nécessaire de faire répéter identiquement les mêmes paroles. On observera pour ces exercices les recommandations faites au paragraphe précédent, c'est-à-dire qu'ils devront avoir trait aux circonstances d'une séance de manœuvre, soit pendant cette séance soit peu après.

Il sera exposé dans le chapitre IX comment, outre les exercices de détail spécifiés dans les chapitres III,

IV, V et VI, on devra également profiter des grandes manœuvres de service en campagne entre deux détachements opérant l'un contre l'autre, pour perfectionner chaque soldat dans l'habitude de la transmission des rapports.

CHAPITRE VIII.

Examens faits par les officiers supérieurs pour constater le degré d'instruction des soldats.

Les examens passés par les officiers supérieurs ayant pour objet de constater le degré d'instruction des hommes dans le service en campagne, sans tenir compte des moyens employés pour y arriver, il pourrait sembler inutile d'en faire le sujet d'un chapitre spécial.

Cependant comme on ne peut méconnaître que le caractère de ces examens peut influer plus ou moins sur la méthode d'enseignement, en ce sens qu'on s'attachera principalement aux choses auxquelles les supérieurs accorderont le plus d'importance, il ne sera pas superflu d'indiquer dans quel esprit ils devront être conçus.

Si par exemple les officiers supérieurs et généraux, dans leurs examens, tiennent spécialement à l'observation de certaines formes sur la manière d'interpeller et d'interroger, ou s'ils jugent du degré d'instruction des hommes d'après les résultats que donneront les questions théoriques qui seront posées, les capitaines commandant les compagnies dirigeront naturellement l'instruction dans ce sens.

Donc si l'on veut introduire dans la pratique du service en campagne un enseignement vraiment utile en temps de guerre, les examens ne devront pas porter sur l'observation des formes ni sur des points de théorie.

Il semble difficile que les officiers inspecteurs, s'ils n'ont que peu de temps à consacrer aux examens, puissent faire exécuter sous leurs yeux des exercices pratiques du service en campagne leur permettant de se rendre compte du degré d'instruction individuelle et générale des troupes. Dans ce cas il vaudrait mieux passer des inspections moins fréquentes ou les ajourner à l'époque des grandes manœuvres, plutôt que de les passer uniquement au point de vue théorique.

Quel que soit le moment où ces examens seront passés, ils devront être purement pratiques. Pour cela, il faut que les hommes à examiner se trouvent dans les circonstances mêmes où leur conduite doit être soumise à l'épreuve (par exemple comme poste avancé, etc.); il faut de plus que cette épreuve ait lieu sur un terrain convenable et non sur la place d'exercice. Il faut enfin que les hommes soient en présence d'un ennemi, afin qu'on puisse juger comment ils sauront agir devant lui.

Sans doute, dans ces examens, l'inspecteur ne pourra pas soumettre à l'épreuve tous les hommes d'un corps; mais il suffira qu'il en examine une partie seulement. Leur désignation et le choix du terrain ne devront pas être laissés au chef de corps, afin qu'on ne puisse pas mettre sous les yeux de l'inspecteur une sorte de représentation préparée, où chacun aurait son rôle tracé et appris d'avance.

Pour éviter ce résultat, l'inspecteur devra au contraire désigner lui-même, et sur les lieux, les hommes qu'il veut soumettre à l'épreuve, en indiquant les sections, les escouades, etc.; ce n'est qu'en prenant ainsi des hommes au hasard qu'il pourra apprécier avec assez de certitude le degré d'instruction de tout le corps.

Alors l'inspecteur chargera un officier ou un sous-officier, pris également au hasard, de placer une grand'-

garde avec les hommes désignés, en un point qu'il indiquera ; il fera diriger contre cette grand'garde une patrouille composée d'autres hommes, et conduite par un autre officier ou un autre sous-officier, ou bien il fera exécuter une attaque, et observera ce que feront les soldats, ainsi que les officiers et sous-officiers, puis se fera faire les rapports nécessaires en cette circonstance. Il pourra aussi, pendant que les hommes qui forment les postes n'ont pas à observer l'ennemi qui n'est pas en vue, leur poser quelques questions sur ce qu'ils feraient dans tel ou tel cas; on ne prendra pas ces cas au hasard, mais on les rattachera au terrain qui s'étend devant le soldat, et aux circonstances dans lesquelles il se trouve. On demandera par exemple à l'homme en faction ce qu'il ferait si sur cette colline qu'on lui montre du geste il voyait apparaître plusieurs officiers à cheval qu'il reconnaîtrait pour des ennemis ; ou bien si, sur ce chemin qui sort de la forêt, il voyait s'élever un nuage de poussière au milieu duquel brilleraient des armes; ou encore si, au delà de ce village qui est en vue du poste, il entendait le canon et voyait monter la fumée de la poudre, et ainsi de suite. Si l'homme répond qu'il devrait en faire le rapport à la grand'garde, l'inspecteur se fera faire ce rapport.

Si l'officier inspecteur veut se rendre compte de l'instruction des hommes dans le service de nuit, il devra le faire selon l'esprit de cette méthode, c'est-à-dire que l'épreuve devra avoir réellement lieu de nuit et non pas en supposant qu'il fait nuit; car alors on abandonnerait le terrain de la pratique pour passer dans le domaine de l'imagination, et on retomberait dans les idées erronées combattues notamment dans le chapitre III.

Ce mode d'inspection demandera évidemment plus de temps et exigera des dispositions prises avec plus de soin qu'un examen passé dans la cour de la caserne ou sur le terrain d'exercice. Mais là où le temps limité par d'autres devoirs empêcherait l'inspecteur de donner la même attention à toutes les parties de l'instruction, il vaudrait mieux négliger quelques exercices de détail, pour pouvoir rendre complète l'épreuve sur la pratique du service en campagne.

CHAPITRE IX.

Instruction complémentaire du soldat, dans les grandes manœuvres du service en campagne.

Jusqu'ici il n'a été question que de l'enseignement élémentaire dans les cas les plus fréquents du service en campagne; mais le complément de cet enseignement ne peut être obtenu que dans les grandes manœuvres, qui ont pour but, outre l'instruction des officiers de tous grades, la préparation des hommes à la guerre en général, et au service des avant-postes et des éclaireurs en particulier.

Dans les exercices de détail de l'enseignement élémentaire, le jeune soldat n'a vu devant lui que de petits détachements de part et d'autre, sur un terrain limité et avec des épisodes assez simples. Dans les grandes manœuvres au contraire l'horizon du soldat s'agrandira, non-seulement comme étendue, mais encore au point de vue des circonstances; il se produira des situations plus diverses et plus variées, au milieu desquelles chacun devra savoir se conduire; enfin le soldat verra les rapports de l'infanterie avec les autres armes.

Mais pour que ces grandes manœuvres répondent à ce but, il ne faut pas que les soldats y soient abandonnés à eux-mêmes; on ne peut pas compter assez sur leur zèle et leur intelligence, pour espérer qu'ils puissent discerner et retenir ce qui pourrait être applicable à leur conduite individuelle.

Il faut donc que les supérieurs, en commençant par

ceux qui sont directement en contact avec le soldat, saisissent toutes les occasions pour lui enseigner ce qu'il doit faire dans les circonstances qui se présentent, ou pour le reprendre lorsqu'il s'est trompé. Il s'offrira sous ce rapport aux officiers, aux sous-officiers même, comme commandants de grand'gardes ou de pelotons détachés, etc., des occasions fréquentes de compléter l'instruction du soldat; ils ne devront jamais les laisser échapper, même quand les hommes qu'ils commandent appartiendraient à d'autres compagnies que les leurs. C'est dans ces occasions que l'officier doit se considérer comme partie solidaire d'un grand tout, comme coopérant à l'œuvre capitale qu'il ne doit jamais perdre de vue : *la préparation de l'armée à la guerre*, et comme accomplissant un devoir de conscience, ses actes dussent-ils rester ignorés de ses chefs.

C'est à la grand'garde que l'officier aura le plus de temps et trouvera le plus d'occasions d'instruire les hommes sous ses ordres, non pas en employant à des leçons théoriques les loisirs souvent si longs du service de grand'garde, mais en rattachant son enseignement aux événements qui sont réellement arrivés ou au moins à quelque chose qui puisse se voir nettement.

Il ne sera pas inutile de donner ici quelques explications à ce sujet.

Dès l'installation des postes, l'officier de garde devra indiquer spécialement aux hommes qui les occupent les points éloignés sur lesquels, outre les environs immédiats, ils devront diriger leur attention. Dans les exercices élémentaires, où l'ennemi ne se montre d'ordinaire qu'à une faible distance, le soldat ne s'habitue guère à observer que les points rapprochés, et il néglige facilement les points éloignés. Aussi il arrive souvent, dans les grandes manœuvres, qu'un soldat qui occupe un poste annonce très-exactement l'approche de toute patrouille ennemie qui se montre dans son voisinage, et ne remarque pas ou n'annonce pas des mouvements de troupes plus importants qui ont lieu à une plus grande distance. C'est dans les grandes manœuvres qu'il faut, par une instruction faite sur les lieux, rectifier ce défaut dans l'appréciation de l'importance des faits, qui résulte de ce que dans les exercices élémentaires les soldats n'ont été témoins que de faits secondaires. En allant placer ses avant-postes, l'officier se fera accompagner par tous les hommes de la grand'garde, pour les faire assister aux instructions qu'il donne; l'évidence des explications jettera ainsi dans leur esprit des racines plus profondes que ne pourrait le faire la démonstration théorique la plus complète.

Lorsque les avant-postes enverront des rapports à la grand'garde, l'officier de garde les recevra devant tous les hommes réunis, qui entendront ensuite les remarques et observations et pourront juger, d'après les questions posées après coup, ce qui était resté vague ou incomplet. Par exemple, si un poste fait un rapport sur le mouvement d'une colonne qu'il a aperçue au loin, et s'il ne donne à ce sujet que des indications vagues, les questions qui lui seront posées lui montreront qu'il aurait dû porter son attention sur la force approximative, l'arme, la distance et la direction de la colonne, pour en faire mention dans son rapport. Il y aura là pour les autres hommes de la grand'garde, qui écoutent, un enseignement pour les cas analogues. Cet enseignement s'appliquant à une manœuvre à laquelle les hommes ont pris part, et à un terrain qu'ils ont parcouru, se gravera plus profondément dans leur esprit, que s'il leur avait été répété, si souvent que ce soit, dans une instruction théorique. Pour rendre la démonstration complète, l'officier de garde enverra, si la situation du moment le permet, un ou plusieurs soldats de la grand'garde vers le poste d'où émane le rapport, avec la mission *de bien regarder la colonne en question, et d'après les indications qui ont été données, d'estimer sa force, son arme, la distance à laquelle elle se trouve, la direction qu'elle suit, et d'en faire un rapport*. Cette mission intéressera les hommes, éveillera leur émulation, et lorsqu'à leur tour ils auront à faire des rapports, ils s'efforceront sans doute de les faire assez exacts pour qu'ils n'aient besoin ni de complément ni de rectification.

S'il arrive à la grand'garde des rapports de patrouilles, lorsque l'officier de garde aura pris les dispositions nécessitées par ces rapports, il devra profiter du loisir qui suivra, pour passer en revue encore une fois avec les soldats de la patrouille, et en présence des autres hommes de garde, tout ce qui leur est arrivé et tout ce qu'ils ont vu; il posera des questions et fera des remarques sur telle ou telle circonstance accessoire; puis indiquera comment les soldats en patrouille auraient peut-être pu mieux épier l'ennemi et mieux se renseigner qu'ils ne l'ont fait. Les fautes manifestes devront être réprimandées lors de la réception officielle du rapport, mais les remarques qui suivent à titre d'enseignement doivent avoir le caractère d'une causerie instructive. Lorsque les soldats en patrouille auront fait preuve de zèle et d'intelligence, on fera leur éloge, afin d'éveiller chez eux et chez les autres auditeurs le goût du métier et l'émulation.

Si l'ennemi ayant attaqué la grand'garde a été repoussé, et que les mesures nécessaires ayant été prises, tout soit rentré dans le repos; si en outre les hommes qui formaient les avant-postes au moment de l'attaque, ont été relevés et sont revenus à la grand'garde, l'officier examinera avec eux, en présence des autres soldats de garde, et toujours sous forme de conversation, toutes les circonstances particulières qui ont accompagné l'événement qui a eu lieu, ainsi que la manière dont se sont comportés les postes ou les patrouilles qui ont été appelés à y jouer un rôle. Ordinairement un événement de ce genre ne se sera pas passé sans qu'une négligence ait été commise sur un point ou sur un autre. Tantôt un poste ou une patrouille n'ont pas tiré à temps le coup de feu de signal, ou ont fait un rapport incomplet, si même ils n'ont pas omis totalement de le faire; tantôt ils ont battu en retraite dans une mauvaise direction, et par suite ont perdu l'ennemi de vue; tantôt les hommes envoyés en avant pour repousser l'attaque ont négligé de mettre dans une situation critique l'ennemi, qui peut-être s'avançait sans précautions; et une foule d'autres fautes ou de cas où l'on aura manqué d'à-propos pour profiter des circonstances.

Ces entretiens sur des faits *qui viennent de se produire réellement sous les yeux des hommes*, et en vue du théâtre de l'événement, seront plus instructifs que toutes les démonstions théoriques du monde. Aussi l'officier dévoué à son devoir ne devra jamais négliger d'exercer à cette occasion son influence sur l'instruction des hommes qu'il dirige.

Lorsque dans une grand'garde il ne se produira rien qui puisse donner lieu à des remarques instructives, l'officier devra employer le loisir qui en résultera, et qui sans cela serait consacré au sommeil ou à l'ennui, à raconter quelques exemples tirés de l'histoire militaire ou d'une manœuvre ayant eu lieu précédemment. Ces récits, faits avec à-propos et sans affecter la forme d'une leçon, intéresseront les hommes et contribueront à leur instruction pratique en formant leur jugement et en éveillant leur intelligence.

On n'a pas pu représenter dans les exercices élémentaires certains cas de la petite guerre, tels que les surprises, les embuscades, la guerre de partisans, etc., qu'on ne peut réaliser que dans les grandes manœuvres. C'est pour des entreprises de cette nature qu'on sera surtout obligé de ne choisir les hommes que parmi les plus prudents et les plus adroits, pour remplir ce rôle, en quelque sorte indépendant, de pointe, de guetteur, d'espion, etc.; leur conduite dépendra tellement des circonstances, que la meilleure chance de réussite résultera du bon choix des hommes, puisqu'il faudra, chaque fois, que les instructions spéciales données par les chefs leur suffisent; en effet, il n'est pas possible de les y préparer à l'avance par une instruction élémentaire et pratique; quant à un enseignement plus général, mais théorique, il n'aurait aucune utilité.

Ce n'est qu'en prenant part, lors des grandes manœuvres, à une entreprise conçue et exécutée dans l'esprit de la guerre de partisans, que le soldat pourra s'en faire une idée générale. Si le chef en a le temps, il cherchera, par quelque explication, à rendre la chose encore plus claire ; mais la meilleure instruction sera celle que le soldat retirera de l'opportunité des mesures prises par le chef, et mises à exécution au moment décisif.

Pour terminer l'exposé de la méthode d'enseignement du service en campagne aux simples soldats, il reste à indiquer comment on peut contrôler leur instruction complémentaire, lorsque les grandes manœuvres, quelle que soit leur nature, ont eu lieu.

Les capitaines commandant les compagnies, et à plus forte raison les officiers supérieurs, ont peu d'occasions d'utiliser les loisirs des grand'gardes pour l'instruction des soldats, comme peuvent le faire les officiers de garde ; en effet, dans les grandes manœuvres de service en campagne, leur temps est presque complétement absorbé, soit par les dispositions qu'ils ont à prendre comme commandants en chef, soit par leurs devoirs de surveillance.

Mais ces officiers ont un autre moyen, qui tout en contribuant à développer l'instruction des hommes, leur permet de contrôler les résultats obtenus. Ce moyen consiste à organiser, après chaque manœuvre, une conférence dans laquelle, après avoir passé en revue les faits qui se sont produits pendant la manœuvre, on fait répéter les divers rapports auxquels ils ont donné lieu.

Le mieux est que cette conférence, qui complète la

manœuvre et devient son examen critique, ait lieu dès le lendemain, pendant la journée ou la demi-journée de repos qui la suit généralement. Si on la reculait davantage, le souvenir des faits accomplis ne serait pas aussi présent à la mémoire qu'on doit le désirer, et il y aurait à craindre qu'au lieu des rapports qui ont été réellement faits pendant la manœuvre, on ne vînt réciter des rapports modifiés ou altérés, dans le but de dissimuler des fautes commises. L'officier commandant devra réprimer sévèrement ceux qui chercheraient à le tromper par des rapports artistement travaillés, et exiger qu'ils lui soient répétés absolument comme ils ont été dits à la manœuvre; leurs imperfections ne devront pas être l'objet d'un blâme, mais fournir le sujet d'un enseignement utile.

Le capitaine commandant une compagnie ne devra jamais négliger de faire répéter et discuter de cette manière les rapports et les comptes rendus, faits dans une manœuvre par les hommes de sa compagnie; il choisira pour cela, soit le moment de l'appel, soit une heure libre dans la soirée ou une partie du temps consacré à un exercice de détail.

Il va sans dire que les chefs de bataillon et les colonels ne pourront passer ainsi les rapports en revue, qu'à l'occasion des manœuvres organisées et dirigées par eux, et lorsque les exigences du service le leur permettront, mais ils devront le faire toutes les fois que cela sera possible.

Si, par exemple, une manœuvre a eu lieu dans un bataillon entre deux compagnies, le chef de bataillon devra ordonner que le jour suivant, en présence des sous-officiers qui y ont pris part et de tous les officiers du bataillon, tous les hommes qui dans le courant de cette manœuvre ont eu à faire un rapport ou un compte rendu, comme faisant partie d'un poste, d'une patrouille, d'une pointe, etc., ou à propos d'une mission quelle qu'elle soit, se réunissent dans l'ordre des différentes grand'-gardes et des différents détachements dont ils ont fait partie. Alors le commandant se fera répéter ces rapports ou ces comptes rendus, absolument de la même manière que lors de la manœuvre elle-même ; dans ce but, les officiers et sous-officiers à qui ces rapports et comptes rendus ont été faits, devront signaler immédiatement les différences qui pourraient avoir lieu entre la répétition et la première version.

S'il arrive alors qu'un rapport soit confus, incomplet, ou renferme des erreurs manifestes, d'après les circonstances réelles de la manœuvre, le commandant fera remarquer, par des questions faites après coup, ce qui n'était pas indiqué ou ne l'était que d'une manière insuffisante, et il rectifiera ce qu'il y aura d'erroné dans les indications. Ensuite il laissera au soldat le soin de répéter le rapport corrigé, mais en lui abandonnant le choix et la disposition des expressions. A cette répétition des rapports, l'officier rattachera des questions sur la conduite que le soldat aura tenue pendant l'événement qui en fait l'objet. Ainsi, par exemple, lorsque le soldat d'un poste fera un rapport sur l'approche et l'attaque opérée par une colonne ennemie, il lui sera demandé : Si le poste a tiré un coup de feu d'alarme et à quel moment? — Dans quelles circonstances le soldat qui fait le rapport est-il revenu ? — Quand le poste a-t-il commencé à battre en retraite, l'ennemi continuant à avancer? — Qu'a-t-il fait pendant cette retraite ?. et ainsi de suite. Si, par exemple, il n'y a eu aucun rapport de fait par l'une des deux parties, au sujet d'un mouvement opéré par l'autre, l'officier recherchera à qui en revient la faute, et il expliquera au coupable la gravité de cette négligence.

Les rapports des patrouilles rampantes, des pointes et des éclaireurs de flanc; ceux transmis au nom des officiers de garde et des chefs de détachement; les ordres transmis de supérieur à inférieur, seront bien plus variés et par conséquent plus instructifs que ceux des hommes qui ont formé les postes. L'officier qui dirige la conférence trouvera alors l'occasion non-seulement de signaler les défauts et les lacunes des rapports eux-mêmes, mais encore d'y rattacher des instructions relativement à la marche à suivre dans les différentes circonstances. Ces instructions, ayant rapport à des situations et à des faits qui sont encore présents à la mémoire des soldats, se graveront mieux dans leur esprit que des règles enseignées d'une manière théorique.

Les sous-officiers présents et les jeunes officiers pourront aussi, grâce à cette analyse des faits qui se sont passés dans les manœuvres, et qui se reflètent presque tous dans les rapports, rectifier çà et là leurs propres idées, et y puiser en tout cas, bien des indications sur la manière dont il faut instruire les hommes pour le service en campagne. Il arrivera souvent aussi que l'officier lui-même qui dirige la conférence connaîtra par ce moyen certaines situations de la manœuvre qu'il n'avait pu voir. Souvent, en effet, c'est seulement en coordonnant et comparant les rapports des deux parties, en prenant des renseignements auprès des officiers et des sous-officiers qui y coopéraient que l'on voit clairement la situation. En tout cas, l'officier qui dirige la conférence obtient, grâce à cet examen, le moyen le plus certain d'apprécier le degré d'instruction de chacun dans les troupes qu'il commande.

FIN DE LA PREMIÈRE PARTIE.

DEUXIÈME PARTIE.

DE L'INSTRUCTION DES CHEFS DANS LE SERVICE EN CAMPAGNE.

CHAPITRE X.

De l'instruction des sous-officiers.

Les principes sur lesquels doit reposer l'instruction du soldat d'infanterie dans le service en campagne ont été développés dans le chapitre II. L'instruction des chefs doit être naturellement basée sur des principes analogues, modifiés en raison de l'élévation du grade et de l'expérience déjà acquise.

Ainsi les sous-officiers, que le grade et les fonctions rapprochent assez des soldats, peuvent recevoir le même enseignement qu'eux. Cette analogie est surtout applicable aux nouveaux sous-officiers et aux caporaux appelés à le devenir, qui ont besoin, comme les soldats, d'être guidés pas à pas par l'instructeur. On suivra donc en tous points la marche indiquée dans la première partie, notamment en ce qui concerne le choix d'un terrain approprié à la manœuvre à exécuter, et la représentation réelle de l'ennemi. Les motifs déjà mis en avant pour les soldats s'opposent à ce que l'instruction pratique des sous-officiers soit précédée d'aucun enseignement théorique.

L'instruction d'un élève sous-officier devra commencer de la manière suivante : dans les manœuvres de service en campagne de la compagnie, les fonctions de chefs de grand'gardes, d'avant-gardes, de patrouilles, etc., seront remplies par d'anciens sous-officiers. L'élève sous-officier sera confié à un officier, qui en lui donnant pour exemple l'un des anciens sous-officiers (ou successivement plusieurs d'entre eux si le temps et l'espace le permettent), lui expliquera ce que le chef a à faire, les meilleures dispositions à prendre et pourquoi il faut agir de cette manière et non autrement. Si l'ancien sous-officier oublie une disposition nécessaire ou prend une mauvaise mesure, l'officier le fera remarquer à l'élève sous-officier, ou mieux encore le conduira, par une série de questions, à indiquer lui-même ce qu'il eût été préférable de faire.

Lorsque l'élève sous-officier aura appris par ces exemples comment on doit agir dans les circonstances les plus fréquentes du service en campagne, on lui donnera une mission qu'il devra mettre lui-même à exécution; il restera encore, au commencement de ces exercices, sous la direction d'un officier, qui lui fera remarquer les dispositions mal prises et l'aidera à trouver le moyen d'y remédier.

Il est indispensable, pour cette instruction, que l'ennemi soit toujours représenté; la manœuvre perdrait sans cela son principal élément d'intérêt, qui résulte de la tension d'esprit du chef se demandant où est l'ennemi et cherchant à deviner ce qu'il fera. Si au contraire il n'y avait pas d'adversaire en présence, la leçon se réduirait à des choses insignifiantes telles que le placement des avant-postes, l'envoi des patrouilles, la répartition des pointes et des flanqueurs, etc.

On suivra pour l'instruction des élèves sous-officiers, l'ordre indiqué dans la première partie pour celle des soldats, c'est-à-dire : 1° le service ordinaire des avant-postes ; 2° placer et commander une grand'garde ; 3° commander le peloton de tête et faire suivre les patrouilles de flanc ; 4° commander des reconnaissances agissant isolément, mission importante, exigeant beaucoup de prudence et d'habileté.

Il est nécessaire de placer ici quelques observations relatives à chacune de ces parties du service.

Pour apprendre à l'élève sous-officier à commander une grand'garde, il ne faut pas lui donner plus d'hommes qu'il n'en commanderait en campagne, c'est-à-dire 15 à 20, ou 25 tout au plus. Lui en donner un plus grand nombre, ce serait l'habituerait dès l'abord à prodiguer les hommes, et lorsque plus tard, dans les grandes manœuvres ou en campagne, il commanderait des grand'-gardes plus faibles, il ne saurait comment se tirer d'affaire avec un nombre d'hommes restreint. On lui

7.

apprendra donc à ménager les hommes, quant au nombre, et, chose non moins importante, à ménager aussi leurs forces. Dans les grandes manœuvres en temps de paix, on cède facilement à la fâcheuse habitude de multiplier les postes, pour avoir un cordon continu de sentinelles; cela n'a pas grande influence sur la vigilance des hommes, dans des exercices qui durent seulement quelques heures, rarement la nuit entière. Mais comme on croit avoir agi sagement en prenant ces mesures, il va sans dire qu'on les appliquera devant l'ennemi, sans réfléchir que la fatigue physique des hommes en amenant un relâchement dans leur vigilance, peut compromettre la sécurité générale. A ce point de vue, il est indispensable d'observer le principe que sinon tous les hommes destinés au service des patrouilles, au moins tous les chefs de patrouilles, doivent être exemptés des factions, et que pour ne pas fatiguer le reste de l'effectif, on doit calculer le nombre de sentinelles doubles de manière que le tour de faction ne revienne qu'une fois sur trois.

Cette combinaison ne laisse au soldat que le temps nécessaire pour le repos, car si on veut remarquer qu'à ses deux heures de faction s'ajoutent une demi-heure pour prendre et quitter son poste, et souvent deux heures de patrouille en descendant de faction, on reconnaîtra qu'il ne lui restera plus qu'une heure et demie pour se reposer avant de recommencer la même série. Il est donc indispensable d'avoir, pour relever les sentinelles, un effectif triple.

Ce n'est pas sans raison que, dans les considérations qui précèdent, on fait passer la faction avant la patrouille et qu'on fait suivre celle-ci d'un repos avant de renvoyer l'homme en faction; en effet, si on voulait mettre en faction un homme qui rentre de patrouille, sans lui avoir laissé le temps de se reposer, on comprend qu'il serait imprudent de compter sur sa vigilance.

D'après ces calculs, une grand'garde, commandée par un sous-officier et composée de 15, 20 ou 25 hommes, ne peut placer que deux et tout au plus trois postes de sentinelles doubles. Ce nombre restreint de petits postes ne suffirait pas pour rendre la leçon suffisamment instructive, et il faudra dès les commencements que la grand'garde commandée par l'élève sous-officier fasse partie d'une ligne plus étendue d'avant-postes. Cela obligera de donner une plus grande extension à la manœuvre, mais cela n'empêchera pas d'accorder la même attention à l'instruction individuelle des élèves.

L'exemple suivant, sans être donné comme règle à cet égard, montrera les dispositions qu'on pourrait adopter.

Le capitaine commandant la compagnie organisera une manœuvre de campagne en deux détachements opérant l'un contre l'autre. On choisira pour l'une des deux parties un terrain qui convienne pour placer une ligne d'avant-postes, formée de deux grand'-gardes principales et d'une grand'garde plus faible servant à les relier l'une à l'autre. Les premières seront confiées à d'anciens sous-officiers, auxquels on laissera plus de latitude et d'initiative dans l'accomplissement de leur tâche, en les surveillant simplement d'une manière générale, mais sans les guider à chaque instant. La grand'garde de jonction, plus faible, sera confiée à un élève sous-officier, qu'un officier guidera pendant la manœuvre. L'ennemi, de son côté, devra soit prendre, une position d'avant-postes, soit agir d'une manière offensive. Dans ce dernier cas, les efforts de l'assaillant ne devront pas se porter d'abord sur la grand'garde de l'élève, pour ne pas le mettre dès le commencement dans une situation par trop difficile; dans les manœuvres suivantes au contraire, l'attaque de l'ennemi devra être dirigée principalement contre lui. Enfin pour terminer cette première instruction, on fera naître le cas où la grand'garde de l'élève sous-officier, attaquée et repoussée par des forces ennemies supérieures, est secourue par les grand'gardes voisines ou par le soutien.

Dans le second degré de l'instruction de l'élève sous-officier, on lui enseignera à commander le peloton de tête ou une patrouille de flanc d'un détachement en marche, en profitant pour cela d'un exercice de marche de la compagnie. Il sera placé sous la direction d'un officier qui lui montrera les dispositions à prendre. Il faudra, comme toujours, qu'il y ait réellement un adversaire, dût-il être d'une force plus faible, pour inquiéter ou retarder la marche de la compagnie, ou attaquer à l'improviste le peloton de tête ou les flanqueurs.

La présence d'un adversaire et l'idée que l'on peut le rencontrer à chaque instant sont absolument nécessaires pour que cet exercice soit réellement instructif et ne se réduise pas à une marche mécanique dans laquelle on n'aurait à se préoccuper que de l'observation des distances.

Le dernier degré de l'instruction de l'élève sous-officier consistera à apprendre à conduire une patrouille agissant isolément, c'est-à-dire une reconnaissance.

La force d'une patrouille de ce genre sera, comme en campagne, de 8 à 12 hommes, 20 tout au plus. Sa mission devra consister simplement à s'avancer jusqu'à un point indiqué (un défilé, un village, etc.), ou vers une ligne d'avant-postes ennemis déjà connue, ou enfin à parcourir une certaine distance, dans une direction déterminée, et dans ce mouvement à ne s'étendre à droite et à gauche qu'autant qu'il est nécessaire pour se garder contre une surprise immédiate de la part de l'ennemi.

Cette manière de procéder est la seule qui convienne à une petite patrouille d'infanterie; prétendre lui faire fouiller dans tous les sens et d'une manière complète, comme le veut la théorie, une portion étendue de terrain est impossible; cela demanderait plus de temps qu'on ne peut en consacrer en campagne, et nécessiterait un fractionnement de la patrouille en petits groupes dont il serait bien difficile de relier les mouvements. En supposant qu'une patrouille d'infanterie ait à fouiller une portion de terrain tant soit peu coupé, d'une lieue de profondeur et d'une demi-lieue de largeur, il lui faudrait au moins une demi-journée. Aussi, en campagne, la cavalerie peut seule exécuter des reconnaissances de cette nature.

Les patrouilles de reconnaissance à faire exécuter par les élèves sous-officiers doivent donc être conçues avec la simplicité pratique qu'on est obligé de leur donner en campagne. Pour la première patrouille, il sera bon que l'ennemi (que l'élève doit toujours avoir devant lui) ne prenne pas l'offensive, mais reste dans une position d'avant-postes, d'où il envoie tout au plus des patrouilles rampantes au-devant de la patrouille de reconnaissance. Ensuite on apprendra à l'élève qu'une patrouille de reconnaissance doit s'arrêter avant d'avoir atteint le but proposé, si elle rencontre un détachement ennemi aussi fort ou plus fort qu'elle.

L'officier qui instruit l'élève lui fera observer les principes d'après lesquels on doit agir, non pas en les lui enseignant à l'avance, mais en les lui indiquant au moment et à l'endroit même où ils doivent être appliqués.

Pendant ces leçons, on recommandera à l'élève de ne pas trop multiplier les mesures de sûreté, et de ne pas trop céder à la crainte exagérée des ruses de l'ennemi ou d'un échec possible. Cet excès de prudence ne s'obtient généralement qu'au prix d'une grande lenteur dans la reconnaissance, et le but principal, qui est d'avoir promptement des nouvelles de l'ennemi, n'est pas atteint. On fera bien comprendre à l'élève sous-officier que dans ces reconnaissances il n'est pas possible de se prémunir contre tout danger, mais qu'il y a une sage mesure à garder entre une prudence exagérée, qui ralentit les opérations, et une étourderie aveugle, qui les compromet.

On montrera à l'élève qu'il peut se couvrir d'une manière suffisante en mettant à profit, sur son chemin, les abris qu'offre le terrain, et en protégeant le gros de la patrouille au moyen de quelques hommes détachés. Souvent aussi il pourra arriver au même résultat en s'avançant d'une manière rapide et décidée, ce qui ne laissera pas à l'ennemi le temps de prendre ses mesures;

presque toujours la résolution influence l'adversaire, et procure, dans la grande comme dans la petite guerre, un avantage moral au général en chef comme au chef de patrouille.

Si pendant sa marche la patrouille ou ses éclaireurs aperçoivent l'ennemi, le chef de patrouille devra s'assurer rapidement, et autant que possible par ses propres yeux, si les premiers soldats ennemis qu'on verra agissent comme patrouille rampante, comme éclaireurs d'un corps en marche, ou comme sentinelles avancées.

Si c'est une patrouille rampante, on lui détachera quelques hommes pour l'occuper, la rejeter de côté autant que possible, et on continuera à s'avancer hardiment dans la direction indiquée, en tâchant de se dérober à ses regards.

Si ce sont les éclaireurs d'un détachement en marche (pointe d'avant-garde, flanqueurs, etc.), la patrouille de reconnaissance devra, avant de continuer sa marche, s'assurer de la force du détachement et de la direction qu'il suit, et pour cela envoyer quelques hommes voir le détachement lui-même, en repoussant ses éclaireurs si c'est nécessaire. Il faudra alors régler sa manière d'agir suivant la force de l'ennemi ; s'il est plus fort que la patrouille et s'avance contre nos avant-postes, il ne faudrait pas continuer la reconnaissance, mais se contenter d'observer ce détachement, soit en se retirant devant lui, soit en le côtoyant, ou bien chercher à arrêter son mouvement, afin de donner le temps aux avant-postes, en les prévenant assez tôt, de se préparer à recevoir l'attaque projetée; si sa force n'a rien d'inquiétant, il faudra se contenter de faire prévenir les avant-postes de son approche, le faire observer par quelques éclaireurs, et continuer la reconnaissance commencée.

Enfin, si ce sont des sentinelles avancées de l'ennemi, on fera voir à l'élève sous-officier qu'une patrouille de reconnaissance ne doit pas opérer comme une patrouille rampante, composée seulement de 2 ou 3 hommes. Ce qui est une règle essentielle pour une patrouille rampante, qui doit se glisser, se défiler autant que possible et se borner à observer de loin, serait une faute pour une patrouille de reconnaissance; sa mission est plus étendue, et c'est pour cela qu'on lui a donné une force plus grande; elle doit culbuter les postes ennemis, et s'avancer aussi loin que le comporte sa propre sécurité, afin de reconnaître ce qu'il y a derrière cette ligne de postes, de rechercher où sont les grand'gardes et leurs soutiens, quelle est leur force, et s'il y a là des corps ennemis, ou bien où ils se trouvent.

Il va sans dire que ce petit coup de main doit, pour réussir, être conduit avec vigueur et résolution; si par excès de prudence on voulait tâter la ligne des avant-postes, pour bien connaître son étendue avant de s'engager, puis qu'après avoir longtemps hésité on se décide enfin à la traverser, on donnerait à l'ennemi le temps de se préparer, et on viendrait précisément tomber au milieu du danger qu'on voulait éviter, compromettant ainsi le succès de sa mission et sa propre sécurité. Aussi, on fera bien comprendre aux chefs de patrouille de reconnaissance, que l'offensive est le plus sûr moyen de succès; que tout en prenant des mesures de précaution, ils doivent pénétrer avec vigueur et résolution dans la ligne d'avant-postes ennemis, et dans la direction où se trouve probablement la grand'garde, en se couvrant en arrière de quelques éclaireurs, et en avant de quelques tirailleurs, sans trop les disséminer. Si on a surpris un poste ennemi et qu'il se replie sur sa grand'garde, il faut marcher sur ses talons pour tâcher de surprendre celle-ci et de l'attaquer à l'improviste ; il peut arriver qu'elle cède et permette ainsi à la patrouille de pousser jusqu'à un point d'où elle puisse reconnaître la position de corps plus considérables. Lorsqu'elle a réussi à atteindre ce but, si elle est menacée d'une attaque par des forces supérieures ou enfin si sa ligne de retraite est compromise, le moment est venu de battre en retraite, et cette retraite doit être exécutée avec autant de rapidité que quand il s'est agi de brusquer l'attaque et alors que toute hésitation était dangereuse. Ainsi donc, la rapidité dans la résolution, un mouvement en avant exécuté hardiment, le discernement du point jusqu'où il est possible de pénétrer, puis la rapidité dans le mouvement de retraite, telles sont les principales conditions d'une reconnaissance fructueuse, et c'est dans cet esprit que doit être dirigée l'instruction du sous-officier.

Dans les premières reconnaissances, on fournira à l'élève sous-officier l'occasion de repousser d'abord un ennemi plus faible, et de pénétrer jusqu'à un point important quelconque, avant d'être forcé de battre en retraite par l'arrivée des renforts. Si au début l'élève rencontrait des détachements ennemis plus forts ou s'il tombait dans des piéges, cela pourrait lui donner l'idée qu'il doit, avant tout, veiller à sa propre sécurité, et le rendre trop prudent. Même dans les manœuvres en temps de paix, il faut toujours relever l'élément moral, surtout dans les grades inférieurs; on ne doit jamais l'affaiblir avec intention.

Dans les manœuvres ayant pour but *l'instruction complémentaire* des sous-officiers, il ne sera plus nécessaire de suivre l'ordre progressif indiqué pour *l'instruction élémentaire.*

Le capitaine commandant une compagnie, en organisant ses manœuvres de service en campagne, devra avoir soin d'exercer tous ses sous-officiers à remplir toutes les missions qui peuvent leur incomber à la guerre et ne pas les choisir suivant leur aptitude spéciale. Lorsqu'on sera devant l'ennemi, on pourra toujours, tant que cela sera possible, désigner les plus adroits et les plus prudents pour les missions difficiles, mais il faut prévoir le cas où les sujets d'élite viendraient à manquer, et c'est pour cela qu'il faut s'attacher en temps de paix à faire acquérir à chacun l'habitude de toutes les parties du service.

Les manœuvres de compagnie fourniront assez d'occasions de compléter l'instruction des anciens sous-officiers dans le commandement des grand'gardes. Ainsi, dans les exercices d'apprentissage des élèves sous-officiers, c'est contre les portions de grand'gardes commandées par les anciens que sont dirigées les entreprises les plus importantes de l'ennemi, afin de fortifier leur expérience et de les habituer à l'initiative.

A ce sujet, il est nécessaire de signaler ici une manœuvre fréquemment usitée, et qui peut avoir les plus mauvais résultats. On a l'habitude de clore ces exercices par une attaque dirigée contre les avant-postes, à la suite de laquelle le succès reste à la partie qui a pris les meilleures mesures, et ce résultat termine la manœuvre.

Mais si on voulait poser en principe cette manière de faire, les sous-officiers et les soldats prendraient cette idée fausse, que le but à atteindre est rempli par la rencontre des deux parties, et qu'après le succès de l'une et la défaite de l'autre il ne reste absolument rien à faire.

Il n'en est pourtant pas ainsi, au contraire; *après* la rencontre, il reste encore beaucoup à faire; souvent même c'est ce qu'il y a de plus difficile.

Est-ce que le chef d'une grand'garde attaquée par des forces supérieures et repoussée de sa position, ne doit point précisément employer toute son activité et toute sa prudence, à mettre un peu d'ordre dans la retraite de son détachement et de ses tirailleurs, et à rétablir ses communications avec ses éclaireurs et les grand'gardes voisines? — Et acquerrait-il l'habitude de le faire si chaque fois, immédiatement après l'attaque de l'ennemi, on donnait le signal de terminer la manœuvre, sans avoir égard à l'état d'indécision et de désordre de la grand'garde obligée de battre en retraite après avoir eu ses avant-postes culbutés? Est-ce que l'idée ne viendrait pas, même aux simples soldats, que le désordre et la débandade sont le complément forcé d'une semblable attaque et qu'il n'y a pas à songer au rétablissement de l'ordre, et cette idée ne pourrait-elle pas conduire, devant un ennemi véritable, à un sauve-qui-peut général?

Ainsi donc lorsque l'attaque d'une grand'garde aura réussi, si on ne veut pas faire soutenir celle-ci par les grand'gardes voisines ou par les soutiens, on devra lui accorder pour sa retraite, assez de temps pour qu'elle puisse rétablir l'ordre et la cohésion, et ne pas terminer la manœuvre avant qu'elle n'y soit parvenue autant que possible.

Il devra en être de même si la grand'garde a repoussé l'attaque; on devra attendre que l'assaillant rejeté en arrière soit sorti du cercle d'action de la grand'-garde.

Le capitaine qui dirige la manœuvre devra alors vérifier si le commandant de la grand'garde a pris toutes les dispositions nécessaires, soit pour rétablir l'ancienne ligne de postes et les communications avec les grand'gardes voisines, soit pour observer l'ennemi dans sa retraite, en le faisant suivre par des patrouilles; c'est seulement alors qu'il fera cesser la manœuvre. Il y aura même là pour l'assaillant repoussé un exercice instructif, dans le passage du combat à la marche dès que la poursuite se ralentira.

Outre les lignes composées de plusieurs grand'gardes reliées entre elles, il est souvent nécessaire d'occuper soit de côté, soit en avant, des points qui sont en dehors de toute liaison immédiate avec la ligne des avant-postes. Les postes qui occupent ces points sont très-exposés, offrent très-facilement prise aux attaques de l'ennemi, et ne peuvent pas toujours être promptement secourus. Leur commandement constitue une des missions les plus difficiles qu'on puisse confier à un sous-officier, et on devra en faire l'objet d'exercices spéciaux.

Ces postes particuliers, dont le rôle tient à la fois de celui de la grand'garde et de celui de la grande patrouille, pourraient être appelés *postes détachés de sous-officiers*.

Ces postes sont plus souvent employés en campagne qu'en temps de paix. En effet dans les manœuvres en temps de paix l'effectif des troupes et leurs forces physiques, qui ne sont mises à contribution que pendant quelques jours, permettent de faire garder les positions par un cordon continu de sentinelles, et l'on emploie rarement les postes détachés. Mais en campagne l'expérience a souvent prouvé qu'il est rarement possible d'établir dans les terrains un peu coupés des cordons continus de sentinelles; en effet, d'après les principes établis il doit y avoir en moyenne la nuit un poste (sentinelle double) tous les deux cents pas; l'effectif de plusieurs bataillons suffirait à peine à un pareil déploiement de sentinelles, et on n'aurait pas toujours assez de troupes pour y pourvoir.

Aussi en guerre les cordons continus de sentinelles n'ont jamais été qu'une exception, surtout dans les opérations rapides. En beaucoup de points il n'a pas toujours été possible d'établir la communication complète de poste à poste, soit faute d'un effectif suffisant, soit manque de temps pour établir cette communication entre tous les avant-postes. On a donc dû, surtout dans les terrains très-coupés, ou dans les directions qui paraissaient les moins menacées, se contenter d'assurer la sécurité par des postes détachés placés sur les points les plus importants, et de force variable suivant les circonstances.

La première fois qu'un sous-officier sera chargé de commander un de ces postes détachés, il sera bon de le faire assister d'un officier qui l'observera, le guidera et rectifiera ses fautes.

Il est presque impossible de donner au sujet de ces postes des règles invariables, car les circonstances dans lesquelles on les place, la configuration du terrain, etc., exigeraient presque dans chaque cas particulier une manière différente de procéder. Les quelques exemples qui suivent ne sauraient résumer tous les cas possibles, mais le point essentiel à observer pour chacun d'eux y est indiqué.

Lorsqu'un poste de sous-officier sera détaché sur un point d'où on a une vue étendue, par exemple sur une colline isolée, qu'elle soit en avant ou de côté par rapport à la ligne générale des avant-postes, le sous-officier devra dans le jour se comporter lui-même comme une véritable vedette, et se tenir par conséquent auprès des sentinelles doubles placées le plus favorablement pour voir au loin; s'il ne le peut pas, il devra ordonner qu'on le prévienne immédiatement de tout mouvement de l'ennemi, ou de tout indice dénotant son approche; le sous-officier devra alors venir immédiatement *se convaincre par lui-même* de ce que l'on aperçoit, et ne pas commettre la faute impardonnable de s'en rapporter sans vérification au rapport qui lui serait fait par une de ses sentinelles. L'officier dirigeant la manœuvre fera bien comprendre au sous-officier l'importance de sa mission, car il peut trouver l'occasion de découvrir chez l'ennemi des mouvements qui, signalés à temps, peuvent avoir l'influence la plus considérable sur les grandes opérations et même sur l'issue de toute une campagne.

Dans les manœuvres en temps de paix, ce sera une des rares occasions où il pourra être utile de faire intervenir une hypothèse.

De sa position, on montrera au sous-officier un point visible, et on lui proposera d'admettre qu'il y aperçoit quelque chose indiquant la présence ou les mouvements de corps de troupes, par exemple des nuages de poussière, l'éclat des armes, la fumée de feux de bivouac, des nuages de fumée de poudre, ou qu'il y entend des coups de fusil ou des coups de canon, etc. On y ajoutera quelques indications plus détaillées, par exemple sur l'extension des nuages de poussière ou de fumée de poudre, sur celle des feux de bivouac, sur la plus ou moins grande intensité et la continuité des coups de fusil ou des coups de canon; ensuite sur la distance approximative à laquelle se passent ces phénomènes, sur la direction dans laquelle les nuages de fumée paraissent se mouvoir, etc. Là-dessus, on fera composer au sous-officier un rapport oral ou écrit, tel qu'il aurait dans la réalité à en envoyer un. On lui fera bien comprendre que si dans ce rapport il ne doit omettre aucune circonstance importante, il ne doit jamais non plus donner une simple présomption comme une certitude, c'est-à-dire ne pas donner par exemple comme des colonnes de troupes réellement aperçues des nuages de poussière; des mouvements de troupes comme étant positivement l'ennemi; toute fumée comme feux de bivouac, et ainsi de suite.

La situation d'un poste détaché est très-simple tant que l'ennemi ne se montre pas ou ne se montre qu'au loin; mais il peut se trouver dans une situation critique si l'ennemi s'approche, et surtout s'il montre de la cavarie. Le sous-officier chef de poste doit prévoir d'avance cette éventualité, sans songer à se retirer trop tôt, et l'officier qui le dirige doit lui faire remarquer que si du point où il se trouve il ne peut pas voir tous les chemins qu'il pourrait suivre, il faut faire reconnaître par quelques hommes adroits les sentiers par lesquels au besoin il pourrait se retirer en se défilant le mieux possible, et en profitant de tous les accidents du terrain pour ne pas être vu.

La nuit, ces postes détachés devront souvent être complétement retirés, car ils ne pourraient ni regarder au loin ni voir autour d'eux. Cependant il peut arriver qu'on les laisse en place, soit pour leur épargner le trajet, soit lorsque les nuits sont courtes, pour que les points se trouvent occupés dès la pointe du jour. Dans ce cas, chaque poste pourvoira à sa sécurité en maintenant éveillés la plus grande partie des hommes, qui pendant le jour ont pu sans inconvénient se livrer au sommeil à tour de rôle, puis en s'entourant de sentinelles même simples, se mouvant constamment de l'une à l'autre. Si des chemins passent à une petite distance de l'emplacement du poste, il faudra les faire surveiller par des sentinelles; si une grande route passe à proximité il faudra pendant la nuit faire descendre tout le poste pour le placer au bord de cette route, par où l'ennemi passerait selon toute probabilité s'il faisait un mouvement en avant.

Un poste avancé de sous-officier, placé près d'un pont, d'une digue ou d'un autre défilé de même nature, devra se comporter de la même manière que le précédent, surtout s'il a en avant une vue assez étendue. Il suffira pendant le jour de placer une sentinelle double tout près du défilé, où se tiendra de préférence le chef du poste, pendant que le peloton se reposera en arrière. Si l'obstacle que traverse le défilé (rivière, marais ou gorge) ne permet pas de voir à une grande distance ou s'il est possible à l'ennemi d'y pratiquer un passage, il faudra le faire observer par des patrouilles, surtout pendant la nuit, et dans ce dernier cas les pousser jusqu'au delà du défilé.

Les instructions données au sous-officier chef de poste devront spécifier d'une manière précise si, en cas d'approche de forces ennemies supérieures, le défilé doit être abandonné ou si on doit essayer de s'y maintenir autant que possible.

Si le défilé qui doit être observé passe entre des montagnes qui ne soient pas absolument impraticables, la mission sera des plus difficiles; il faudra se garder contre les surprises que pourra tenter l'ennemi descendant par des endroits praticables aux montagnards habiles. L'effectif d'un poste détaché permettra rarement de faire observer tous les passages d'une manière permanente, par des postes ou par des patrouilles; il faudra souvent se contenter de placer une couple de soldats vers le point de la vallée où débouchent les chemins latéraux les plus praticables, pour avertir le poste, au moins par des coups de feu, si l'ennemi le menace à revers, et lui permettre de demander du secours au poste principal qui l'a détaché, ou bien de se retirer par des chemins détournés reconnus autant que possible à l'avance, dans le cas où l'ennemi supérieur en nombre lui couperait la retraite par la route ordinaire.

Un poste détaché de sous-officier peut encore avoir à observer une portion de terrain d'une certaine étendue, comme par exemple un cours d'eau, une partie basse, une chaîne de collines, la lisière d'un bois, etc.

La surveillance d'un cours d'eau paraît facile, parce que la position des postes et l'itinéraire des patrouilles, sont en quelque sorte déterminés par la configuration même du terrain, et que le cours d'eau peut être une protection contre les surprises; néanmoins cette surveillance peut devenir difficile si, par exemple, les bords du cours d'eau sont marécageux, ou couverts de buissons épais, ou l'un et l'autre à la fois, ou s'il se trouve dans la rivière, des îles également couvertes de végétation. Il faut alors prendre beaucoup de précautions pour le choix de l'emplacement des sentinelles et la circulation des patrouilles, et exiger de tout le monde une vigilance incessante. La position du poste devra être choisie à peu près au centre de la partie à surveiller, ou dans le voisinage des points habituels de débarquement, des gués ou des passages de bacs. S'il existe plusieurs de ces points de passage, il faudra les faire surveiller, en occupant des points (des angles saillants de la rive par exemple) d'où on puisse découvrir une certaine étendue du cours d'eau en amont et en aval; s'il y a un chemin de halage sur la rive occupée, les patrouilles devront le suivre.

Si le chef de poste chargé de cette mission apprend que l'ennemi essaye de passer la rivière, l'a déjà franchie, ou tente de jeter un pont, il doit immédiatement se porter avec ses hommes disponibles sur le point menacé, d'abord pour se convaincre de l'exactitude de la nouvelle qu'il a reçue, ensuite pour empêcher ou retarder le passage de l'ennemi, enfin pour avertir par un rapport expédié en toute hâte et par un feu continu, que l'ennemi a réellement franchi la rivière.

La surveillance d'un marais ou d'un terrain marécageux a beaucoup d'analogie avec celle d'un cours d'eau. Ces obstacles ne sont pas toujours infranchissables; il faudra au contraire rechercher avec soin s'il n'y a pas des passages suivis habituellement par des chasseurs, des bergers, des hommes exploitant la tourbe, et dans ce cas les garder de la même manière que les bacs, les gués et les points de débarquement.

Mais la situation la plus difficile est celle d'un poste de sous-officier détaché en avant ou sur les ailes d'un cordon d'avant-postes, sur un terrain vaste, boisé et accidenté. Ainsi, par exemple, lorsqu'une de ces ailes ne peut, faute d'effectif, se couvrir de postes continus ou qu'elle ne trouve pas de point d'appui sur le terrain, on envoie sur ce terrain, à un ou deux kilomètres de distance, un poste détaché, pour la préserver du danger d'être tournée par l'ennemi.

La position de ce poste devra être choisie de manière à le dérober autant que possible aux regards; on lui fera prendre à la tombée de la nuit une position différente de celle de jour; on devra même renouveler ce changement plusieurs fois dans la journée, suivant la proximité de l'ennemi ou l'attitude hostile des habitants. La surveillance du terrain environnant, la sécurité du poste et ses communications avec la grand'garde la plus voisine, seront assurées au moyen de patrouilles, dont les unes parcourront les chemins qui traversent la zone à surveiller, et les autres circuleront en faisant complétement le tour du poste. Les hommes auxquels on imposera ce service pénible devront naturellement être dédommagés par un repos complet, ou relevés plus souvent que dans les grand'gardes ordinaires.

Lorsqu'un terrain boisé ou très-coupé s'étend au loin en avant de la ligne générale des avant-postes, on y place souvent, surtout la nuit, des postes de sous-officiers détachés. On met ainsi un détachement sur le chemin de l'ennemi, qui, ayant espionné la ligne des avant-postes, voudrait essayer de les surprendre. Il est donc indispensable qu'un poste ainsi placé, et qui est en quelque sorte un piége permanent, exerce la vigilance la plus active, et évite surtout de se laisser voir ou entendre.

On emploie aussi parfois les postes détachés, pour relier deux grand'gardes trop éloignées l'une de l'autre, et trop faibles pour pouvoir occuper par un cordon continu de postes, le terrain qui les sépare. La conduite à tenir est la même que dans les cas précédents, suivant qu'ils se trouvent placés sur une hauteur, auprès d'un défilé, le long d'une rivière ou d'un marais, dans un terrain boisé, etc. Leur mission deviendra importante et difficile si l'ennemi pénètre dans l'intervalle qu'ils sont chargés de couvrir. Dans ce cas il ne suffira pas d'informer de ce mouvement les deux grand'gardes voisines; il faudra encore chercher à le retarder, pour qu'il ne devienne pas dangereux pour les détachements pris en flanc; en tout cas il faudra en signaler la direction en faisant un feu continu. Si l'ennemi est supérieur en nombre, la sécurité de ce poste de jonction pourra être compromise; mais dans ce cas elle doit être subordonnée à ce qu'exige le salut de tous.

L'instruction pratique des sous-officiers pourra être complétée par des conférences faites le lendemain des manœuvres, et semblables à celles définies à la fin du chapitre IX; on y examinera les rapports fournis par eux pendant la manœuvre; à cet effet les rapports écrits seront gardés et représentés par les supérieurs qui les auront reçus.

Ce contrôle après coup de l'exécution d'une manœuvre, avec les rectifications qui en sont la conséquence, constitue bien une instruction théorique, mais il n'est pas contraire au principe formulé au commencement de ce chapitre, que les motifs déjà mis en avant pour les soldats s'opposent à ce que l'instruction pratique des sous-officiers soit précédée d'aucun enseignement théorique. En effet, il suit les manœuvres pratiques en s'y rattachant, et n'a rien de semblable à une théorie qui les précéderait.

Ces conférences sur des manœuvres ayant eu réellement lieu peuvent fournir aussi le sujet d'un enseignement utile dans les écoles régimentaires. Si on a assez de plans détaillés des environs de la garnison, ou bien si l'école possède un plan à grande échelle pouvant être utilisé comme carte murale, cela facilitera sensiblement l'intelligence des manœuvres dont on fait l'examen, et permettra d'indiquer sur ces plans les positions des avant-postes, l'itinéraire des patrouilles, etc.; en même temps cela familiarisera les sous-officiers avec la lecture des cartes.

A cet enseignement se rattachera aussi celui qui a trait aux rapports à faire sur les chemins parcourus et sur certaines parties du terrain de la manœuvre; ici l'officier chargé de l'instruction ne laissera pas les sous-officiers s'égarer dans des descriptions savantes au dessus de leur portée; il veillera à ce que leurs rapports ne concernent que le terrain qu'ils connaissent complétement *de visu*, qu'ils ne soient pas trop longs et ne contiennent que les points importants et essentiels. Il pourra apprendre à quelques-uns d'entre eux qui auraient des dispositions ou seulement quelques notions de dessin, à faire le croquis d'une partie de terrain, quand cela serait de la manière la plus simple et même la plus grossière; le moindre croquis en apprenant souvent plus qu'une longue description.

Quant aux relations détaillées, qu'on fait parfois rédiger par les sous-officiers qui ont eu un commandement dans une manœuvre, elles n'ont qu'une utilité secondaire et très-contestable; il vaut mieux s'attacher au développement de la faculté bien plus utile : *Savoir faire de vive voix ou par écrit des rapports exacts, intelligibles et concis.*

CHAPITRE XI.

De l'instruction des lieutenants et sous-lieutenants.

Si les devoirs du service en campagne doivent être enseignés aux soldats et même aux sous-officiers d'une manière purement pratique, et si les explications théoriques ne doivent venir qu'à la suite des exercices pratiques, il n'en est pas de même en ce qui concerne les officiers. Ici l'enseignement s'adresse à des hommes dont l'instruction repose sur une base scientifique, et qui possèdent déjà des connaissances théoriques plus ou moins étendues sur l'art militaire.

Néanmoins, lorsqu'il s'agira de l'instruction des *jeunes officiers*, il faudra tenir compte de leur inexpérience, et les placer sous la direction d'un supérieur lorsqu'ils exécuteront pour la première fois, après leur nomination au grade de sous-lieutenant, les divers exercices du service en campagne. Ce supérieur, en instruisant le jeune officier, l'obligera à prendre de lui-même les mesures nécessaires pour l'accomplissement de sa mission et l'empêchera de les abandonner à un subordonné plus expérimenté.

Chaque chef de bataillon devra être chargé de cette première instruction, dans son bataillon. Il y aurait des inconvénients de plusieurs genres à en laisser le soin aux capitaines. D'abord il y aurait moins d'unité dans l'enseignement; ensuite les capitaines, qui sont déjà très-absorbés par les obligations que leur imposent la surveillance, l'instruction et l'administration de leurs compagnies, ont moins de temps à eux que les chefs de bataillon, qui n'ont pas à s'occuper de détails aussi nombreux.

Il n'est sans doute pas nécessaire d'ajouter que pour ces premiers exercices il faut toujours que l'ennemi soit réellement représenté.

Le programme des leçons de l'élève officier sera le même que celui indiqué au chapitre précédent pour les jeunes sous-officiers. On lui donnera donc d'abord le commandement d'une grand'garde, puis celui d'une avant-garde, et enfin celui d'une grande patrouille de reconnaissance. Seulement, la force du détachement à confier à un officier devant répondre à son grade, on peut en fixer le maximum à l'effectif habituel d'une section.

Les premiers exercices sur le placement d'une grand'garde devront être simples et ne présenter ni circonstances difficiles, ni cas extraordinaires; cependant cette simplicité ne devra pas être telle qu'il ne reste rien à faire à l'intelligence de l'officier pour déterminer la position de sa grand'garde et de sa ligne de postes. A ce sujet il devra tenir compte des observations faites au chapitre X, pour régler le nombre de ses postes sur son effectif de manière à ménager les forces des hommes. De même que dans les exercices de sous-officiers, la grand'garde d'un officier pourra faire partie d'une ligne d'avant-postes plus considérable, mais en raison du grade plus élevé, cette grand'garde pourra être une des principales; on pourra, pour la même raison, diriger contre elle, dès les premiers exercices, une attaque sérieuse de l'ennemi. Ainsi que cela a été expliqué au chapitre précédent, on ne devra pas terminer la manœuvre immédiatement après cette attaque; il faudra laisser au jeune officier qui l'aura repoussée le temps de rétablir la liaison entre ses postes et de prendre les autres mesures nécessaires.

On passera ensuite à l'enseignement relatif au commandement des avant-gardes et autres détachements, ayant pour objet de couvrir la marche d'un corps.

C'est pendant les manœuvres de marche du bataillon, que ces leçons pourront être données avec le plus de fruit; mais comme dans ce cas le chef de bataillon sera trop absorbé par ses fonctions, il chargera un des capitaines de diriger le jeune officier.

Quant à l'exécution, on se reportera à ce qui a été dit (comme par anticipation) à la fin du chapitre IV.

On terminera par les leçons relatives au commandement des patrouilles de reconnaissance. Lorsque plusieurs officiers concourront simultanément à l'exécution d'une de ces manœuvres, cela n'empêchera pas le chef de bataillon de s'occuper plus spécialement de la direction du jeune officier. Ainsi par exemple, on peut charger quelques officiers plus anciens de placer une ligne d'avant-postes contre laquelle le jeune officier devra diriger sa reconnaissance, en leur abandonnant complétement, dès le commencement, l'exécution du programme qui leur a été tracé. Le chef de bataillon sera toujours à même d'apprécier l'opportunité des mesures prises par les anciens officiers lorsque, dans le cours de la manœuvre, le détachement du jeune officier rencontrera la ligne des avant-postes ennemis.

Ce qui a été dit dans le chapitre précédent, quant à l'esprit dans lequel les petites patrouilles de reconnaissance doivent être dirigées par les sous-officiers, s'applique également aux reconnaissances commandées par des officiers. Il faut insister notamment sur ce point, qu'on ne doit pas attacher trop d'importance à la sécurité du détachement, mais conserver surtout à la reconnaissance son caractère offensif. Dès les premiers exercices on devra faire bien comprendre au jeune officier la supériorité d'une résolution prompte, fût-elle hasardée sur une action timide et indécise.

Pendant cette instruction élémentaire, les jeunes officiers devront être également exercés à faire des rapports clairs et concis sur les événements dont ils auront à rendre compte, notamment les rapports écrits envoyés habituellement par les grand'gardes et détachements. La rédaction, la transmission et l'appréciation de ces rapports feront l'objet d'un enseignement spécial, soit pendant, soit après les manœuvres. Jusqu'à ce que les jeunes officiers aient acquis l'habitude de faire les rapports ordinaires du service en campagne, on ne leur demandera pas de fournir des relations et mémoires plus compliqués; on trouvera à la fin de ce chapitre, ce qui est relatif aux travaux de cette nature.

L'enseignement élémentaire qui vient d'être développé, ne s'appliquant, comme on l'a dit au commencement de ce chapitre, qu'aux plus jeunes officiers, il faudrait déterminer le temps pendant lequel un officier doit être considéré comme appartenant à cette catégorie; cela ne peut se faire que d'une manière générale; toutefois, pour ne pas trop reculer l'époque à laquelle l'officier ne devra plus avoir besoin d'une direction spéciale, on pourrait limiter ce temps d'apprentissage à une année. La durée de cette épreuve pourra être naturellement diminuée pour les officiers les mieux doués, ou pour ceux qui auront acquis une expérience suffisante dans une situation antérieure.

Dès que le jeune officier a été déclaré *sorti d'apprentissage*, la tendance principale de toutes les manœuvres ayant pour but l'instruction complémentaire, doit être de l'accoutumer *à l'initiative individuelle*, à se tirer d'embarras dans les circonstances les plus variées de la guerre, et, après un coup d'œil rapide, à prendre promptement la résolution qui convient le mieux à la circonstance. A partir de ce moment, il n'y a plus à lui prescrire le mode d'exécution, ni à intervenir pendant la manœuvre ; il faut au contraire lui laisser la liberté la plus complète dans l'exécution du programme qui lui a été tracé. Plus cette exécution présente un cachet d'individualité, et mieux cela vaut. Arrivé à ce point, l'officier ne doit plus être astreint à des formes déterminées, ni arrêté dans les dispositions qu'il croit devoir prendre. Les idées trop extravagantes tomberont naturellement sous le coup de la critique, qui, le cas échéant, devra être très-sévère, mais toujours motivée. On pourra organiser, pour les officiers les plus intelligents, des manœuvres combinées de telle sorte que l'insuccès punisse toute infraction aux véritables principes de la mise en action des troupes.

Il est d'autant plus indispensable de faire prédominer dans l'éducation des officiers l'esprit d'initiative, que pendant la paix l'armée est privée des occasions d'expérience que fournit la guerre. Aussi les officiers supérieurs doivent-ils éviter de se laisser aller, soit par zèle, soit pour d'autres causes, à tout faire par eux-mêmes, ce qui ne peut que détruire cet esprit chez les officiers sous leurs ordres; il en doit être ainsi, du reste, à tous les degrés de la hiérarchie, chacun devant savoir agir dans la limite de son cercle d'action.

L'initiative n'est jamais plus nécessaire que lorsqu'il s'agit de saisir d'un coup d'œil rapide une situation inaccoutumée, et de prendre instantanément une résolution. Aussi les manœuvres ayant pour but l'instruction complémentaire des anciens officiers subalternes, devront être organisées de manière à leur fournir l'occasion d'agir par eux-mêmes, en les plaçant autant que possible dans des situations variées et inattendues (1).

Pour arriver à ce résultat, il n'est pas nécessaire qu'une grand'garde soit toujours surprise, ni qu'un détachement soit toujours tourné ou coupé, ou tombe dans un piége ; ces surprises, très en faveur généralement dans les manœuvres, ne doivent être ménagées que de temps à autre, car même en guerre elles ont rarement lieu ; si on les rendait trop fréquentes, cela pourrait porter les officiers à exagérer les préoccupations que causeraient ces entreprises de la part de l'ennemi. Un officier qu'on aurait fréquemment mis dans ces embarras et fait tomber plusieurs fois dans des piéges tendus habilement deviendrait craintif et ne ferait plus un pas sans avoir fouillé minutieusement chaque broussaille ou accident de terrain pouvant recéler l'ennemi. L'habitude de l'offensive, si nécessaire, ferait place à l'excès de prudence, et toute hardiesse pourrait paraître une faute. Du reste, les surprises en guerre sont des épisodes militaires dont on ne peut donner qu'une représentation bien imparfaite en temps de paix. Lorsqu'elles devront se pro-

(1) En réalité, l'expression de *situations inattendues* ne convient pas à la guerre, car ce sont toujours les plus fréquentes ; seulement, elles paraissent extraordinaires parce qu'on n'y a pas été accoutumé pendant la régularité du temps de paix. Au pourrait dire qu'en guerre il faut s'attendre toujours à ce qui n'est pas attendu et s'habituer à voir arriver ce qui n'est pas habituel.

duire dans une manœuvre, le chef qui la dirige devra tâcher de se tenir vers le lieu de l'événement, pour décider, d'après ce que chacun aura fait, si le coup doit être considéré comme ayant réussi ou comme ayant échoué.

Afin d'apprendre aux officiers ce qu'ils doivent faire dans les situations inattendues et extraordinaires, on introduira dans les programmes qu'on leur tracera des cas analogues à ceux que nous allons énumérer à titre d'exemple.

On pourra donner à surveiller au commandant d'une grand' garde un terrain tellement étendu ou tellement coupé, que son effectif ne soit pas suffisant pour établir un cordon continu de postes. Ce cas est très-fréquent à la guerre. Quand il en informera le commandant des avant-postes en lui demandant du renfort, on pourra lui répondre qu'il faut qu'il se suffise avec les forces qu'il a; cette épreuve permettra de juger si l'officier sait trouver un autre moyen que le cordon réglementaire de postes continus.

Une autre fois on placera la grand'garde en l'air, suivant l'expression usitée, c'est-à-dire n'ayant ni grand'-gardes voisines ni obstacles sur le terrain pour appuyer ses ailes, situation défectueuse au point de vue théorique, mais qu'il n'est pas toujours possible d'éviter à la guerre. Pour cette situation on ne peut pas plus établir de règles fixes que pour les postes de sous-officiers détachés; les dispositions ne peuvent être prises que d'après le terrain et en tenant compte des circonstances. Les indications données précédemment pour les postes de sous-officiers détachés sont applicables à ceux d'officiers, avec les modifications nécessitées par l'effectif plus considérable, et l'étendue plus grande du terrain à garder. Dans ces postes d'officiers, il sera souvent nécessaire de détacher de petits postes de sous-officiers; le choix de leurs emplacements et la consigne à leur donner offriront un vaste champ d'étude à l'officier; on devra complétement abandonner l'exécution à son jugement, même en cas d'entreprises de la part de l'ennemi. On trouvera ainsi de nombreuses occasions d'éprouver l'officier et de l'exercer à user de son initiative pour prendre des résolutions promptes au milieu de circonstances difficiles.

On peut aussi, en faisant placer une grand' garde dans des circonstances ordinaires en apparence, amener des situations inattendues, exigeant de la présence d'esprit et un coup d'œil rapide.

Ainsi par exemple l'officier peut être attaqué par l'ennemi avant d'avoir pu prendre toutes ses dispositions, ou même pendant qu'il place son cordon d'avant-postes. Il sera d'autant plus utile de faire naître ce cas, que souvent on omet de mettre en pratique les indications des traités et instructions, qui recommandent de ne placer les avant-postes qu'en se faisant couvrir en avant par des patrouilles. L'utilité de cette précaution sera ainsi constatée d'une manière évidente.

Une manœuvre peut encore prendre une tournure plus inattendue, lorsqu'un détachement, chargé d'aller occuper un point déterminé, rencontre, en s'y rendant, un détachement ennemi supérieur en force, qui l'empêche d'arriver à sa destination. Bien entendu, le programme dont l'exécution est ainsi entravée, aura dû être tracé de telle sorte, qu'en se mettant en route l'officier sache bien qu'il n'est protégé contre la rencontre toujours possible de l'ennemi, que par les mesures qu'il prendra lui-même, comme il le ferait en campagne. Dans cette situation, il faudra que l'officier sache agir convenablement et sur-le-champ, et que dans le cas où la supériorité numérique de l'ennemi l'empêcherait d'accomplir complétement sa mission, il sache prendre un parti en rapport avec l'état des choses et les ordres qu'il a reçus.

Même en admettant que l'officier ait pu prendre, sans être inquiété, la position qu'il est chargé d'occuper, il peut se trouver encore dans des situations très-différentes, et qui mettent sa circonspection à l'épreuve. Cela peut arriver, par une attaque opérée par des forces supérieures, ou encore parce que l'ennemi fait d'abord une fausse attaque, puis peu après, ou même avant que les postes, momentanément dérangés par la fausse attaque, soient complétement replacés, une attaque plus sérieuse. Un officier établi dans la position qui lui a été assignée peut encore recevoir à l'improviste l'ordre de prendre une nouvelle position, soit en avant, soit en arrière, soit de côté, etc. Si ces ordres de changement parviennent pendant la nuit, ce qui peut très-bien arriver en guerre, où les situations se modifient si rapidement, cela exigera beaucoup de prudence, et les officiers seront obligés d'apprendre à se retrouver rapidement sur le terrain.

Enfin, on peut poser encore le problème suivant : se retirer d'une ligne d'avant-postes que l'on occupe, en évitant que l'ennemi s'en aperçoive, ou en le contenant. On décidera, bien entendu, d'après les circonstances et le terrain, si on doit exécuter le mouvement en se couvrant d'un rideau de patrouilles jouant pendant quelque temps le rôle de postes, pour tromper l'ennemi, ou en envoyant contre lui un détachement pour protéger cette retraite.

Ce ne sera guère que dans les manœuvres de grands détachements qu'on pourra faire commander par un officier l'avant-garde, l'arrière-garde ou les flanqueurs; les combinaisons et les situations les plus variées se présenteront alors sans qu'on les cherche; il n'est donc pas nécessaire d'entrer à ce sujet dans des détails spéciaux. Les manœuvres de grands détachements seront traitées du reste dans le chapitre suivant, et nous dirons seulement ici que ces manœuvres seront d'autant plus instructives, que le programme en sera tracé de manière que les deux parties arrivent à se croiser dans leur marche, ou à passer l'une à côté de l'autre; ces rencontres imprévues stimuleront la vigilance et la présence d'esprit des chefs, et les exerceront à apprécier rapidement les mouvements et les intentions de l'ennemi.

Celui qui dirigera ces manœuvres pourra, de temps à autre, pendant leur exécution, envoyer à l'une des deux parties un ordre qui modifie le programme primitivement tracé; par exemple, que l'avant-garde devienne détachement de flanc; qu'un détachement de flanc devienne avant-garde ou arrière-garde ou qu'une arrière-garde soit chargée d'attirer l'ennemi à elle, pour tâcher de lui faire prendre une direction opposée à celle suivie par le détachement principal; ces modifications, ou d'autres, exerceront le jugement des officiers et on leur donnera ainsi l'habitude de saisir rapidement la portée des nouveaux ordres et de les mettre immédiatement à exécution.

Les patrouilles de reconnaissance commandées par d'anciens officiers devront avoir à remplir des missions plus difficiles et plus variées que celles commandées par les jeunes officiers; on peut, comme exemple, indiquer les suivantes :

La reconnaissance rencontrera, avant d'avoir atteint la ligne des avant-postes ennemis, qu'elle allait reconnaître, un détachement ennemi plus nombreux, venant en sens inverse;

Ou elle rencontrera l'ennemi marchant dans une direction qui n'est pas celle de la position de nos avant-postes;

Ou elle atteindra la ligne des avant-postes ennemis au moment où celle-ci change de position;

On peut encore envoyer à l'officier, pendant qu'il s'avance dans la direction prescrite, un ordre qui modifie ceux qu'il avait reçus précédemment, en lui communiquant par exemple un renseignement sur des faits qui se seraient passés chez l'ennemi, et qui nécessiterait cette modification dans les instructions;

Dans une manœuvre où plusieurs officiers peuvent avoir à exécuter simultanément, et à proximité les uns des autres, des missions diverses, un renseignement de cette nature peut parvenir à l'un d'eux, par l'intermédiaire d'un détachement voisin, et le mettre, par conséquent, dans l'alternative difficile, ou d'exécuter à la lettre son ordre primitif sans avoir égard à l'avis qu'il vient de recevoir, quand bien même cet ordre ne s'adapterait plus aussi bien à la situation modifiée, ou bien de tenir compte des nouvelles circonstances, et de prendre sous sa responsabilité des mesures en rapport avec le nouvel état de choses;

On peut encore changer complétement la destination spéciale d'un détachement par un ordre donné après coup, de manière, par exemple, qu'une patrouille de reconnaissance ait à se transformer en un corps occupant une position fixe, ou en un détachement chargé de couvrir un flanc, ou bien changer une grand'garde en une avant-garde ou en une arrière-garde, etc.

Il serait trop long d'énumérer toutes les combinaisons possibles; les exemples précédents suffiront pour en donner une idée. Au nombre de ces combinaisons il faut compter la surprise que cause l'ennemi caché dans une embuscade; mais, ainsi que nous l'avons dit plus haut, on ne devra en user que rarement.

Les embuscades et les surprises n'ont encore été mentionnées qu'au point de vue défensif; il reste à en parler au point de vue offensif; cela formera le complément de l'instruction de l'officier subalterne.

L'officier qu'on chargera de dresser une embuscade devra être laissé dans l'incertitude la plus complète sur la force de l'ennemi qu'il s'agit d'attirer dans le piége, c'est-à-dire qu'il ne devra pas en savoir plus sous ce rapport qu'il n'en saurait en campagne; il devra toujours s'attendre à avoir à faire, non pas avec un ennemi certainement plus faible, mais peut-être avec des forces supérieures. Pour réaliser cette incertitude, on devra parfois faire suivre le détachement auquel on tend un piége, par un autre détachement plus fort, qui puisse mettre dans l'embarras le chef de la troupe en embuscade, s'il ne s'en aperçoit pas en temps utile.

Quant à la direction des surprises, il suffit d'indiquer quelques règles principales à observer, en tenant compte bien entendu des circonstances et du terrain.

Tout le monde sait que la première condition est d'avoir une connaissance exacte du terrain, et de la position de l'ennemi qu'il s'agit de surprendre. Ou bien l'officier peut posséder lui-même cette connaissance, ou bien un inférieur adroit l'a acquise à l'occasion d'une patrouille faite précédemment et peut servir de guide; on peut encore, suivant les circonstances, choisir pour guide un habitant du pays. Dans un pays ami, les forestiers, les chasseurs, les bûcherons et les charbonniers conviennent le mieux pour cela. Mieux encore que tous ceux-là, les braconniers et les contrebandiers savent donner des renseignements sur les sentiers et les chemins à travers bois; toutefois, comme ces gens ne sont pas toujours sûrs, il faudrait, ou les acheter à prix d'argent, ou s'assurer par la force de leur fidélité, en prenant leurs proches comme ôtages.

C'est une règle connue, que lorsqu'un détachement s'avance avec l'intention de surprendre l'ennemi, il ne doit pas se couvrir, comme une reconnaissance, d'une avant-garde formée suivant les règles, et de flanqueurs s'étendant à quelques centaines de pas. Ce détachement doit se faire précéder simplement à 10 ou 20 pas de distance (suivant le degré de l'obscurité), par une pointe, et il doit se faire côtoyer par quelques flanqueurs, mais seulement à la distance de quelques pas. L'officier qui commande l'expédition doit se trouver de sa personne immédiatement auprès de la pointe, avec le guide s'il y en a un, afin de pouvoir diriger la marche lui-même, prescrire les haltes nécessaires, et enfin donner le signal de l'attaque contre l'ennemi qu'il s'agit de surprendre. Si l'officier se contentait, dans cette circonstance, de rester en tête du peloton principal, il ne s'apercevrait peut-être que trop tard d'une fausse direction prise par la pointe; s'il n'était pas là pour faire arrêter à propos, la moindre hésitation de la pointe pourrait faire découvrir l'expédition et l'empêcher de réussir; enfin l'attaque de l'ennemi pourrait échouer si la résolution n'en était pas prise et exécutée, avec la plus grande promptitude, ce qui n'est possible qu'autant que le chef est de sa personne tout à fait en avant, et peut juger instantanément la situation.

Presque tous les traités sur le service en campagne recommandent de laisser en arrière, sur un point convenable, une partie du détachement destiné à opérer la surprise, pour servir de base de ralliement en cas d'échec. Cette mesure n'a d'utilité que lorsqu'il s'agit d'expéditions considérables, de la nature de celles dont il sera question dans le chapitre suivant. Elle n'est pas nécessaire pour une section qui ne comprendra guère que cinquante à soixante hommes; elle aurait plutôt l'inconvénient de l'affaiblir assez pour compromettre le succès de l'attaque. Du reste, comme en cas d'échec, il ne saurait être question de reprendre le combat, il importe peu que le détachement repoussé opère sa retraite en ordre ou éparpillé, puisque son but n'est plus que de rejoindre le plus vite possible son point de départ, où il retrouve naturellement le soutien des avant-postes et des grand'gardes.

Nous indiquerons ici une espèce de surprise particulière, mais qui n'est applicable que lorsque l'on a une connaissance très-exacte du terrain et de la position ennemie, et qui exige beaucoup de sagacité et de hardiesse de la part de l'officier et de sa troupe, conditions qui du reste ne doivent faire défaut dans aucune surprise. On pourrait l'appeler fausse surprise, par analogie avec les autres expressions en usage, de fausse attaque, fausse arrière-garde, etc., car il s'agit de détourner par ce moyen l'attention de l'ennemi, de la surprise sérieuse que l'on médite. On sera surtout conduit à l'employer, lorsque les postes ennemis seront si rapprochés et si vigilants, qu'on ne pourra ni songer à se faufiler à travers, ni espérer les prendre à l'improviste.

Il ne sera pas superflu d'entrer dans quelques détails sur la manière d'organiser ce genre d'expédition qui n'est pas habituel à la guerre.

On forme deux détachements, que nous désignerons par A et par B ; le détachement A, destiné à la fausse surprise, est fort de 20 à 30 hommes, sous le commandement d'un jeune officier ; le détachement B, destiné à la vraie surprise, est à peu près double du premier ; il est composé d'hommes choisis et est commandé par un ancien officier.

Le détachement A sort, pendant la première moitié de la nuit, absolument comme s'il voulait faire une véritable surprise ; il cherche autant que possible à surprendre un poste ennemi, puis il s'avance dans la direction du point où on suppose qu'est établie la grand'-garde la plus voisine ; il essaye aussi de la surprendre, mais en tout cas, dès qu'il l'a rencontrée, il ouvre un feu violent, entretient le combat pendant peu de temps, et alors non-seulement il se retire du rayon des avant-postes ennemis, mais encore pour donner à l'ennemi toute sécurité, il revient à son point de départ.

Le détachement B s'est mis en route en même temps que le détachement A, et le suit en queue, à la distance de 20 à 30 pas tout au plus. Dès que le détachement A a rencontré le premier poste ennemi, et qu'il a continué à s'avancer dans la direction de la grand'garde, l'officier qui commande le détachement B laisse cette distance s'augmenter graduellement, de manière à ne pouvoir être aperçu à la lueur des coups de feu; puis, de préférence au moment où le détachement A engage le combat avec la grand'garde, il prend, tout en restant serré en masse compacte, une direction de côté vers un point choisi d'avance, — un fourré, un ravin, une carrière, un fossé, ou un autre abri analogue, et s'y cache. Il se trouve ainsi dans l'intérieur de la ligne des avant-postes ennemis, qui probablement reprendra son ancienne position, lorsque l'attaque du détachement A sera repoussée.

A première vue cela peut paraître bien hardi, car il semble que l'on doive s'attendre à être facilement découvert par l'ennemi. Mais cela n'est pas à redouter. Il est certain que dans l'attaque à l'improviste d'une ligne d'avant-postes, non-seulement le poste qui a reçu le premier choc, mais encore les postes voisins, ainsi que les patrouilles en marche ou celles envoyées aux premiers coups de feu plus tard, la grand'garde attaquée elle-même et les tirailleurs qu'elle a déployés tous se dirigeront infailliblement sur l'assaillant A, qui fait la fausse surprise, et se concentreront autour de lui, comme autour d'un foyer. Cela durera jusqu'au moment où la fausse surprise A sera repoussée en dehors du rayon des avant-postes. Selon toute probabilité le détachement B atteindra sa cachette sans être aperçu, et y restera sans être découvert; si cependant l'approche d'éclaireurs ennemis lui faisait craindre d'être vu, l'officier commandant le détachement B devrait lancer contre eux quelques hommes adroits, désignés d'avance, et qu'il aurait, à cet effet, tout près de lui. Ces hommes attireraient sur eux l'attention des éclaireurs, et chercheraient à les entraîner vers la ligne des avant-postes.

Le détachement B restera bien tranquille dans sa cachette, et n'en sortira que dans la seconde moitié de la nuit ou vers la pointe du jour, pour surprendre réellement la grand'garde. Si vigilante qu'elle soit demeurée, après avoir repoussé le détachement A, elle n'aura probablement pris aucune mesure contre cette éventualité, ne soupçonnant pas la présence de l'ennemi en dedans de sa ligne d'avant-postes. Le détachement B réussira donc très-probablement à surprendre et à disperser ou même à enlever la grand'garde ennemie, en l'attaquant par le flanc ou en la prenant à dos.

Cette expédition pourrait être modifiée, dans le cas possible où le détachement A, qui n'est destiné qu'à faire la fausse surprise, obtiendrait dans son attaque plus qu'il ne s'y attendait, c'est-à-dire surprendrait complétement l'ennemi. Ce résultat, qui ne pourrait pas échapper au chef du détachement B, amènerait bien entendu la modification du plan primitif, et le détachement B n'aurait plus qu'à profiter immédiatement de l'avantage obtenu par le détachement A et à le rendre plus complet.

Les opinions sont partagées au sujet de l'utilité des *petites surprises*, dont nous nous occupons dans ce chapitre. Quelques-uns disent qu'elles échouent souvent, et que lorsqu'elles réussissent elles ne peuvent conduire à aucun résultat important. C'est une erreur.

Ce n'est pas du gain ou de la perte matérielle qu'il faut tenir compte dans ces petites expéditions, mais de l'effet moral qu'elles produisent. Plus on harcèlera l'ennemi, plus on lui imposera et plus on se fera respecter par lui. L'expérience de toutes les guerres le prouve ; toute troupe légère, constamment active, entreprenante et hardie, rend l'ennemi circonspect et l'amène à songer beaucoup plus à sa propre sécurité qu'à inquiéter son adversaire. Dans la grande guerre comme dans la petite, l'offensive est le plus sûr moyen de vaincre, et dans le service des avant-postes la meilleure manière de se prémunir contre les entreprises de l'ennemi, n'est pas d'accumuler contre lui les mesures de précaution, mais de le tenir constamment en haleine en l'inquiétant sans cesse au sujet de sa propre sécurité. Cela procure en outre l'avantage inappréciable d'augmenter la confiance des troupes en leur propre valeur et de leur donner le désir d'agir. On doit donc entreprendre aussi souvent que possible, même de petites surprises, plutôt à cause du résultat moral que des avantages matériels. Il faut du reste, dans tous les exercices du service en campagne, s'attacher à exciter l'esprit d'entreprise des chefs subalternes et des soldats.

A propos de ces expéditions, il est bon de rappeler que l'officier qui dirige la manœuvre doit veiller à ce que les rencontres ne dégénèrent pas en scènes désordonnées et brutales, et qu'à cet effet il doit se tenir dans leur voisinage, pour exercer son arbitrage sur le résultat final. Mais afin que sa présence ne puisse pas servir d'avertissement à la partie menacée, il vaudra mieux qu'il accompagne l'assaillant ; cela lui procurera du reste l'occasion d'apprécier la valeur des mesures prises. S'il ne peut exercer cette surveillance lui-même, il pourra en charger un capitaine désintéressé dans la manœuvre, qui lui rendra compte de la conduite des deux parties.

Il y a encore un certain nombre de petites opérations qui peuvent fournir le moyen d'exercer les officiers subalternes, tant au point de vue de l'offensive qu'à celui de la défensive, telles que :

Escortes de convois et de prisonniers. — Expéditions pour délivrer des prisonniers ou pour enlever des convois.

Protéger des réquisitions ou des fourrages. — Empêcher l'ennemi de faire de semblables opérations.

Protéger la construction d'un pont ou d'un chemin de fer. — Expéditions pour empêcher la construction d'un pont ou d'un chemin de fer.

Bien que ces diverses opérations, considérées au point de vue offensif, soient du domaine de la guerre de partisans et que leur exécution appartienne plus spécialement à la cavalerie, il peut arriver néanmoins que faute de cavalerie ou bien en raison des difficultés du terrain, on y emploie de l'infanterie.

Afin de laisser aux officiers qu'on en chargera une certaine initiative, on ne leur tracera pas un programme détaillé; il suffira d'indiquer une des situations dans lesquelles, en campagne, un détachement peut se trouver abandonné à lui-même. Par exemple on admettra qu'un officier soit en marche pour rejoindre l'armée, avec un détachement de soldats de la réserve, de convalescents, etc., et qu'il arrive, par suite d'un changement subit dans la situation militaire, dans le voisinage de l'ennemi, ou du moins de ses coureurs, ou d'un pays soulevé et hostile; — ou bien qu'un détachement qui a été envoyé dans un but quelconque, par exemple pour faire des réquisitions, etc., ait perdu, en revenant, ses communications avec l'armée, et se trouve par conséquent complétement isolé. Ces situations, évidemment difficiles, ne sont pas aussi rares à la guerre qu'on le croit généralement, surtout dans le cours d'opérations rapides. Il est donc utile d'y préparer les officiers.

Il n'est pas nécessaire, dans les manœuvres, que l'officier qu'on placera dans cette situation ait toujours en présence un détachement qui s'acharne après lui et cherche absolument à enlever sa troupe; on peut, pour varier, le faire rencontrer par un détachement ennemi ayant reçu une autre mission; cette rencontre fortuite fournira aux deux troupes et à leurs chefs l'accasion d'exercer leur habileté.

Bien qu'il n'y ait pas à recommander d'avoir recours à des suppositions qui, lorsqu'elles ont rapport au terrain, dont la valeur tactique dans la manœuvre est immédiate, peuvent produire des invraisemblances, il faut cependant bien, dans certaines circonstances, admettre des hypothèses dans les données générales stratégiques. Seulement ces hypothèses doivent être extrêmement simples, et à la portée de l'intelligence des grades inférieurs. Ainsi par exemple, afin de pouvoir donner comme thème de manœuvre la protection ou la destruction d'un chemin de fer lorsqu'il n'y en a pas à proximité, on peut choisir un chemin quelconque et supposer que c'est un chemin de fer. — Là où il y a des chemins de fer, on peut les considérer comme des canaux, et les passages à niveau comme des ponts.

— On peut supposer sur un cours d'eau un passage consistant en un pont fixe ou en un pont militaire jeté pendant le cours des opérations, en y rattachant des combinaisons du programme, etc. Lorsqu'on admet des hypothèses dans les manœuvres, il faut, pour procéder avec impartialité, les faire connaître aux deux parties; mais la communication n'en doit être faite aux officiers intéressés qu'au moment et à l'endroit même où l'exécution doit commencer. Du reste, pour mieux préparer les officiers à ce qu'ils doivent faire à la guerre, c'est-à-dire pour les habituer à se retrouver rapidement, dans une situation quelconque, sur un terrain inconnu, les thèmes de manœuvres sur le service en campagne ne doivent être donnés que sur le terrain même et au moment de l'exécution.

Pour que les manœuvres d'instruction soient exécutées dans les mêmes conditions qu'à la guerre, chaque officier doit ignorer complètement la force de son adversaire, jusqu'au moment où il le rencontre, ou jusqu'à ce qu'il reçoive par ses éclaireurs les nouvelles qu'on peut obtenir dans ces conditions. Il y a pour cela des précautions à prendre, car lorsque des détachements allant manœuvrer, partiront de la même garnison, souvent de la même caserne, il sera bien difficile d'éviter que les officiers qui les commandent ne soient pas fixés exactement sur la force de l'adversaire, ce qui pourrait exercer une fâcheuse influence sur leur manière d'opérer, en ce sens que celui qui se saurait le plus fort pourrait négliger des mesures indispensables, et que des procédés défectueux étant couronnés de succès, on aurait une fausse image de la guerre.

Pour dérouter les parties opposées, dans l'estimation

de la force de l'adversaire et en rendre la recherche difficile, on peut employer le moyen suivant : le chef de bataillon donne ordre, à chaque manœuvre entre officiers, qu'outre les hommes qui leur sont donnés dès l'origine, et qui sont pris dans différentes compagnies, ceux qui restent disponibles se tiennent prêts à les rejoindre plus tard. De temps à autre, le chef de bataillon prend parmi ces hommes disponibles, de nouveaux détachements, qu'il fait rejoindre, soit pour renforcer d'une manière immédiate l'un des officiers, soit comme détachement spécial, devant jouer un rôle dans la manœuvre sous les ordres d'un troisième officier, qui en a été chargé après coup, soit enfin pour renforcer ou soutenir les deux parties qui manœuvrent l'une contre l'autre.

Seulement, pour que ces envois de renforts successifs ne puissent pas servir de base à de nouveaux calculs de probabilités, il faut les faire avec beaucoup d'irrégularité, et tout en tenant toujours des détachements prêts à partir, n'en envoyer en réalité que de temps à autre. Pour ne pas laisser inactifs les hommes ainsi gardés en réserve, on peut, après un certain délai, si on n'a pas l'intention de s'en servir, les occuper à d'autres parties de l'instruction, écoles, gymnase, etc.

Il est nécessaire de donner quelques explications sur ce que doivent faire, pendant et après ces manœuvres, les chefs qui les dirigent.

On a remarqué la différence essentielle, entre la manière de commencer l'instruction des jeunes officiers, et celle de compléter l'instruction des anciens. Tandis que le chef qui dirige le jeune officier, prend part lui-même à la manœuvre, pour lui enseigner comment il doit s'y prendre, il ne doit pas le faire avec les anciens officiers, à moins que ce ne soit absolument nécessaire pour redresser de mauvaises habitudes. Rien ne pourrait paralyser davantage et même étouffer l'esprit d'initiative qu'une tutelle de tous les instants dans l'exécution d'actes, qui en campagne réclament le jugement propre et l'initiative individuelle de l'officier, qualités qu'on ne saurait trop apprécier, ni cultiver avec trop de soin ; il faut le laisser agir librement, et réserver les observations ou le blâme, pour la *critique*, qui doit être faite de préférence immédiatement après la manœuvre, et au plus tard le lendemain.

Cette critique doit être faite de manière à laisser valoir les idées qui ont dirigé l'officier dans son opération ; pour cela, l'officier critiqué sera autorisé à motiver sa conduite et ses vues ; les fautes résultant d'une véritable négligence ou d'un manque de résolution doivent seules être blâmées.

La critique doit toujours être faite de vive voix et exprimée autant que possible sur le théâtre de la manœuvre, ou au moins lorsque les diverses particularités en sont encore présentes à la mémoire.

On peut faire établir par les officiers, après la critique, les relations écrites des manœuvres qu'ils ont exécutées, mais il ne faut pas y attacher trop d'importance et ne les considérer que comme un moyen de les habituer à représenter d'une manière claire ce qu'ils ont exécuté, et à exposer les motifs de leur manière d'agir.

Toutefois les officiers ne doivent pas être jugés seulement d'après ces relations; tous ne possèdent pas à un égal degré le don de bien écrire, et une relation bien rédigée ne doit pas rendre indulgent pour une manœuvre mal exécutée.

Nous ajouterons à ce qui précède quelques remarques au sujet des problèmes théoriques sur diverses questions militaires que l'on donne à traiter aux officiers subalternes.

Ces problèmes, de même que les relations sur les manœuvres, ont l'avantage d'obliger les officiers à étudier, et à se former des idées nettes sur des sujets qu'on trouve rarement l'occasion d'appliquer en temps de paix; néanmoins il ne faut pas non plus les faire entrer pour une trop grande part dans l'appréciation de la capacité des officiers.

Ces sujets d'étude peuvent comprendre les cas suivants : Renforcer des positions, en garnissant quelques points de fortifications passagères; — Indiquer les dispositions à prendre dans un cantonnement inquiété par l'ennemi; Reconnaissance d'une portion de terrain, dans le but d'y établir une ligne d'avant-postes; Exposer les mesures à prendre par un détachement chargé de faire des réquisitions, de l'escorte d'un convoi de prisonniers, de munitions ou de vivres, dans des conditions déterminées, en rapport avec les environs de la ville de garnison, etc.

Après avoir exposé les principes essentiels qui servent directement à l'instruction des officiers, nous ajouterons quelques mots sur les ressources qui peuvent y contribuer indirectement.

Dans les petites manœuvres, organisées pour leur instruction, ils n'apprendront que les moyens d'exécution; mais l'horizon s'élargira dans les grandes manœuvres, où, tout en restant dans les fonctions de leur grade, ils se trouveront dans des situations variées, qui leur fourniront le moyen d'exercer leur jugement, de développer leur habileté, et de faire usage de leur présence d'esprit ; ils y puiseront aussi des notions sur l'action combinée des différentes armes.

Mais pour que tous les officiers puissent participer à cette instruction, on ne doit point faire de choix parmi eux pour les différentes missions qui se présentent dans les grandes manœuvres. Ce choix, qui peut se justifier en campagne, ne serait pas à sa place en temps de paix, et les officiers supérieurs exerçant un commandement dans les manœuvres ne doivent pas, pour rendre leurs succès plus probables, céder à la tentation de se faire seconder par les auxiliaires les plus intelligents. Les grandes manœuvres ne doivent pas avoir uniquement pour but de former les chefs supérieurs; elles doivent aussi concourir à former les chefs inférieurs. Si on n'employait aux missions difficiles que les officiers ayant la réputation d'être particulièrement intelligents, les autres n'auraient pas l'occasion de s'y exercer. En outre, ce système pourrait conduire involontairement à négliger de très-bons et de très-solides officiers auxquels il ne manque que le talent de se faire valoir, et qui finiraient par perdre confiance en eux-mêmes s'ils se voyaient toujours relégués au second plan.

En présence de l'ennemi, c'est autre chose ; chaque mission doit être confiée à celui qui paraît le plus capable de la bien remplir.

CHAPITRE XII.

De l'instruction des capitaines.

Cette instruction sera dirigée d'après la méthode développée dans le chapitre précédent, pour les anciens officiers subalternes, avec les modifications nécessitées par la plus grande extension à donner aux manœuvres.

Comme les exercices relatifs à l'instruction des capitaines ont lieu presque exclusivement dans l'intérieur des régiments, nous supposerons toujours que l'infanterie agit seule, sans le concours des autres armes. Ces manœuvres devront être organisées et dirigées par le colonel ou le lieutenant-colonel, lorsque le régiment sera réuni, ou par le chef du bataillon détaché.

Cela n'empêchera pas, dans les manœuvres d'armes combinées, de donner aux capitaines des commandements comprenant non-seulement de l'infanterie, mais encore des détachements d'autres armes. Nous en parlerons dans le chapitre suivant, relatif à l'instruction des officiers supérieurs.

Le cas le plus fréquent pour un capitaine, soit dans les manœuvres, soit à la guerre, sera le commandement d'une ligne d'avant-postes.

Si simple que soit ce problème, lorsqu'une ligne bien accusée sur le terrain, un cours d'eau par exemple, détermine en quelque sorte à l'avance la position, il y a cependant des circonstances où sa solution peut offrir quelques difficultés. Ce sont ces circonstances que devra rechercher l'officier qui dirige la manœuvre. Il ne choisira pas, par exemple, des positions où les ailes trouvent des appuis naturels, tels que marais, cours d'eau, etc., parce que cela présenterait moins de ressources pour l'instruction. Bien qu'à la guerre on utilise ces accidents de terrain quand on les trouve, on est souvent obligé de se passer de leur secours lorsqu'on ne les rencontre pas. Ainsi dans les exercices on ne devra pas rechercher ces appuis, et on devra encore moins supposer qu'ils existent, afin de ne pas priver la manœuvre de ce qui peut la rendre instructive.

Il faut aussi éviter, en faisant placer des lignes d'avant-postes de donner aux capitaines, des détachements assez considérables pour que la portion de terrain qu'ils doivent occuper puisse être gardée trop facilement, car en campagne on est souvent réduit à des effectifs insuffisants.

Lorsque deux lignes d'avant-postes, l'une en face de l'autre, devront s'exercer au service des patrouilles, on ne devra pas trop les rapprocher; car ce serait le contraire de ce qui se passe en campagne; il serait alors trop facile de reconnaître la position ennemie, et les patrouilles, se rencontrant inévitablement, se laisseraient aller à une série d'escarmouches inutiles.

Nous renouvellerons ici les recommandations déjà faites dans le chapitre précédent, relativement à la communication du programme de la manœuvre, qui ne doit être donné que sur place, et sur l'ignorance dans laquelle il faut maintenir chaque partie, de la force et des intentions de l'adversaire.

Lorsque les capitaines prendront leurs dispositions

pour placer des lignes d'avant-postes, ils tiendront compte des indications suivantes.

Il faudra d'abord faire un calcul approximatif, pour savoir combien il faut prendre d'hommes, parmi ceux dont on dispose, pour former les avant-postes proprement dits (grand'gardes, postes détachés, etc.), et combien il faut en conserver pour les replis et les soutiens. Beaucoup de livres établissent à cet égard des rapports numériques déterminés (1); ce sont toutefois des règles auxquelles il ne faut pas s'astreindre d'une manière absolue, et qu'il faut modifier suivant le terrain et les circonstances. Néanmoins il va sans dire qu'il est toujours nécessaire de former en arrière un noyau aussi fort que possible pour recueillir et soutenir les avant-postes proprement dits; on ne devra pas s'écarter de cette règle, quand même l'effectif des grand'gardes serait diminué au point de ne pas permettre d'établir une ligne d'avant-postes parfaitement continue.

La première chose à faire, et la plus importante, pour un capitaine commandant d'avant-postes, sera de choisir la position à occuper. En général il faudra d'abord chercher une ligne aussi convenable que possible, et déterminer d'après cela les points où les replis devront se tenir. Mais il peut y avoir des cas où la position du gros soit la donnée fondamentale d'après laquelle on doit déterminer l'emplacement des postes avancés. Cela arrivera surtout lorsqu'il ne sera pas possible d'établir une ligne de postes parfaitement continue, et qu'on ne pourra faire occuper que

(1) Il sera utile de consulter à ce sujet le réglement prussien du 17 juin 1870 sur le service en campagne, titre II, section C. — (F. L.).

les points les plus importants, par des grand'gardes isolées et des postes détachés, ne se reliant qu'au moyen de patrouilles fréquentes. Dans ce cas, on placera le gros au point où il importe avant tout de se maintenir, et alors les grand'gardes et postes détachés, devront être placés, en rayonnant à partir de ce point, dans les directions suivant lesquelles il faut surtout se garder, en profitant, bien entendu, des positions naturelles que le terrain offrira.

La nécessité de recourir à ce procédé expéditif se présente souvent en guerre, dans les grandes et rapides opérations, lorsqu'il ne s'agit de garder les troupes que pendant le temps qui s'écoule entre la fin d'une journée de marche et le commencement des opérations du lendemain. Si dans ces conditions on voulait toujours établir une ligne d'avant-postes suivant les règles, il faudrait y consacrer une grande partie du temps que doit durer son service, et la fatigue qui en résulterait pour tout le monde pourrait produire un relâchement dans la vigilance. Il sera bon, de temps à autre, de mettre les capitaines dans des conditions semblables pour le placement des avant-postes, en ne leur accordant par exemple qu'un délai assez court dans lequel les grand'gardes et leurs postes devront avoir pris leurs positions.

Après avoir arrêté la position générale de ses avant-postes, le capitaine réglera la répartition de sa troupe entre les différentes grand'gardes et les postes à détacher; cette répartition ne devra pas être purement arithmétique; elle devra être basée sur les circonstances du terrain et sur l'importance relative de la position, par rapport aux positions voisines. Ainsi, par exemple, des grandes routes, surtout lorsqu'elles conduisent vers l'ennemi, devront être mieux gardées que des chemins latéraux; s'il y a plusieurs défilés dans le cercle d'action des avant-postes, on surveillera davantage celui que traversera la meilleure voie de communication; — si les avant-postes forment l'extrémité d'une ligne ne se rattachant pas avec des corps voisins, on devra y placer un détachement particulièrement fort, pour parer à une attaque de flanc, ou à des mouvements enveloppants de la part de l'ennemi; — dans les opérations offensives, il faudra surtout se garder dans la direction suivant laquelle on veut les continuer, — tandis que dans les mouvements de retraite on devra se garder dans la direction menacée par l'ennemi.

Les petits postes détachés de sous-officiers, placés en des points favorables, sont très-utiles; néanmoins il ne faut pas trop les multiplier, pour ne pas disséminer ses forces et en rendre la direction difficile. D'un autre côté, il faut éviter de donner à une grand'garde, un rayon trop étendu, afin qu'elle puisse soutenir facilement ses postes détachés et recevoir leurs rapports.

Lorsqu'une grand'garde doit occuper un défilé, ou un autre point important, et y tenir jusqu'à la dernière extrémité, elle doit être aussi forte que possible, non pas en raison du nombre de postes qu'elle peut avoir à fournir, mais pour être toute prête à repousser l'attaque de l'ennemi.

Le commandant des avant-postes doit donner une attention particulière à l'organisation du service des patrouilles et reconnaissances, qui sont envoyées à une distance plus ou moins grande en avant ou sur les côtés, pour avoir des renseignements sur la position et les mouvements de l'ennemi. L'organisation et la mise en mouvement de ces patrouilles et reconnaissances, faibles ou fortes, appartiennent au commandant des avant-postes, parce que seul, il peut apprécier d'où il importe le plus de recevoir des nouvelles, et quelles sont les directions dans lesquelles le danger est surtout menaçant. Afin d'éviter qu'elles soient envoyées dans toutes les directions, sans plan arrêté, par les commandants de grand'gardes, le commandant des avant-postes ne se bornera pas à les ordonner d'une manière générale ; il donnera à cet égard des instructions précises et détaillées, en rapport avec les circonstances. Quant aux patrouilles et rondes intérieures, ayant pour but de s'assurer de la vigilance de différents postes, ou de fouiller le terrain qui s'étend immédiatement en avant de la ligne des sentinelles, elles rentrent dans les attributions du commandant de chaque grand'garde, et doivent être faites avec la régularité que l'on apporte à relever les sentinelles.

C'est encore au commandant des avant-postes qu'il appartient de prendre les dispositions spéciales relatives aux grandes patrouilles de reconnaissance, qui en général ne peuvent être prises que dans le soutien, attendu qu'une grand'garde s'affaiblirait trop en fournissant d'aussi gros détachements.

Il est impossible de poser des règles générales quant au nombre des patrouilles et reconnaissances, à leur force, aux directions à suivre et au but à remplir. Le commandant des avant-postes agira suivant les circonstances, d'après le terrain, selon les nouvelles qu'il recevra de l'ennemi et d'après la manière dont celui-ci fait la guerre. Les traités d'art militaire ont cette tendance générale, de vouloir poser des règles applicables à toutes les circonstances ; mais l'expérience a prouvé qu'elles ne doivent pas être considérées comme absolues. Nous dirons néanmoins qu'il sera bon d'envoyer des reconnaissances dans les cas suivants.

Si on est sans nouvelles de l'ennemi, on devra envoyer des reconnaissances sur les chemins principaux, jusqu'à des points importants ou bien accusés, comme un cours d'eau, une chaîne de collines, un village, la jonction de plusieurs routes, etc., et on recommencera quelques heures après, si la force des troupes le permet. — Si les patrouilles rampantes envoyées par les diverses grand'gardes constatent l'existence d'une ligne d'avant-postes ennemis, on devra envoyer des patrouilles plus considérables pour en reconnaître la position. — Enfin, il est particulièrement nécessaire d'envoyer une reconnaissance dès qu'on apprend que l'ennemi change la position de ses avant-postes, ou qu'il met en mouvement de grandes masses de troupes. Si ce mouvement se fait dans une direction qui indique l'intention de tourner notre position, il est clair que la reconnaissance devra se diriger vers le côté menacé ; toutefois il faudra lui assigner une limite déterminée, afin que si elle ne rencontrait pas l'ennemi, elle ne se laisse pas aller à pousser trop loin, et ne risque de s'égarer ou de manquer son but.

Un des devoirs essentiels du commandant des avant-postes consiste à donner des instructions aux grand'-gardes et postes détachés, en cas d'attaque de la part de l'ennemi, soit contre eux directement, soit contre d'autres parties de la ligne des avant-postes ; ces instructions ne doivent pas être trop générales, pour ne pas être vagues, ni trop rigoureusement définies, pour ne pas paralyser l'initiative des chefs de postes. Afin d'éviter ces deux écueils, le commandant des avant-postes doit, avant de donner ses instructions, envisager clairement la situation générale, et le rôle qui en résulte pour chacun. Ce rôle sera différent, suivant que l'on marche en avant par un mouvement vigoureux d'offensive, ou que l'on bat en retraite ; — ou si pendant une suspension des opérations on a à couvrir des cantonnements situés en arrière ; ou encore s'il s'agit d'assurer une expédition passagère, ayant pour but de se procurer des approvisionnements, etc. Il faudra tenir compte aussi de la configuration du terrain, et distinguer notamment, s'il vaudra mieux tenir le plus longtemps possible sur la ligne des avant-postes, ou si la défense opiniâtre devra seulement commencer là où le gros des avant-postes est placé ; en d'autres termes, si le gros devra aller soutenir les avant-postes ou si les avant-postes devront se replier sur le gros.

Il reste encore à parler des dispositions à prendre à l'entrée de la nuit, lorsque les avant-postes étaient déjà placés pendant le jour.

On regarde souvent comme nécessaire de changer pour la nuit la position de la grand'garde, afin que si l'ennemi a connu cette position pendant le jour, il ne puisse pas en tirer parti pour l'attaquer pendant la nuit. Cette précaution est bonne si l'ennemi est actif et entreprenant, et si les avant-postes ont occupé plusieurs jours la même position ; mais elle ne doit pas être poussée jusqu'à si bien cacher la grand'garde, que les patrouilles, rondes ou estafettes chargées de lui fournir des rapports ou de lui transmettre des ordres, aient de la peine à la trouver; cela pourrait présenter plus d'inconvénients que d'avantages. Il vaut mieux choisir la nouvelle position, autant que possible à proximité des chemins, traversant la ligne des avant-postes ce qui est avantageux pour s'opposer en temps utile à un mouvement offensif de l'ennemi.

Parfois aussi, la nuit, on rapproche les avant-postes du gros afin de réduire les intervalles des postes, pour que l'ennemi ne puisse se glisser entre les sentinelles. Il y a certainement des cas où cette précaution peut être bonne, par exemple lorsqu'il s'agit de couvrir des cantonnements qui se trouvent très-exposés. Toutefois il ne faut pas perdre de vue que plus on rapproche les avant-postes, plus cela oblige le gros à se tenir prêt à combattre. Certes il est à *désirer* que le terrain à garder soit en quelque sorte hermétiquement fermé par une ligne continue de petits postes, mais cela n'est pas toujours *possible*, et l'on est souvent obligé de faire fléchir la règle devant les circonstances.

Dans le cas où une grand'garde observant un défilé aurait été pendant le jour placée un peu en arrière, afin de n'être pas vue de loin, il faudrait la nuit la pousser tout près du défilé. Il en serait de même pour les grand'gardes surveillant une ligne facile à observer de jour à quelque distance, comme une dépression de terrain, une rivière, une vallée, etc.; il faudrait s'en rapprocher à la chute du jour pour l'occuper, afin que l'ennemi ne parvienne pas à la franchir pendant la nuit.

On a posé en principe que les postes qui dans le jour sont placés sur la crête des coteaux doivent pour la nuit se retirer sur le versant en deçà, parce que dans l'obscurité on distingue mieux en regardant en haut qu'en regardant en bas ; nous ferons remarquer que dans ce cas la position sur la crête devrait être reprise quelque temps avant la pointe du jour, parce que si on ne le fait qu'au jour il pourrait bien arriver que l'ennemi s'y soit établi et qu'on ne puisse la reprendre qu'après un combat.

Sans vouloir examiner tous les cas possibles du service de nuit des avant-postes, il est cependant nécessaire de parler de celui où les avant-postes occupent un bois. Il est incontestable qu'une ligne de postes composée exclusivement d'infanterie doit être placée de préférence pendant le jour le long de la lisière qui fait face à l'ennemi. Mais il n'en est pas de même pendant la nuit. On suppose à tort que les postes ainsi placés courront moins de risques d'être découverts, observeront plus facilement le terrain qui s'étend en avant, et qu'en cas d'attaque ils défendront mieux la ligne qu'ils occupent. On fait en conséquence circuler les patrouilles le long de cette lisière, et on laisse les grand'gardes dans l'intérieur du bois, en les rapprochant parfois un peu du cordon de postes.

Cette manière de faire, qui paraît simple et rationnelle, a cependant de graves inconvénients. Les arbres et les buissons empêchent les postes d'observer le terrain qui les sépare; les patrouilles de ronde et celles des postes entre eux circulent avec difficulté, et ne peuvent explorer qu'imparfaitement ce terrain embarrassé et couvert; aussi les petites patrouilles ennemies n'auraient pas de peine à se glisser entre deux postes. Par conséquent, un ennemi qui le voudrait sérieusement arriverait sans difficulté à percer la ligne d'avant-postes et à se loger dans le bois, d'où on aurait beaucoup de peine à le repousser, sans être toujours certain de réussir.

Le meilleur moyen sera donc de faire sortir pour la nuit la ligne de postes de la lisière du bois qu'elle a occupé pendant le jour, et de la placer en avant, quand bien même elle devrait se trouver en terrain découvert. Elle pourra de cette manière, sans être beaucoup plus exposée, s'apercevoir plus sûrement, et plus tôt, de l'approche de l'ennemi. Il faudra par suite avancer la grand'garde jusqu'au bord du bois. Si les postes placés en avant annoncent l'approche de l'ennemi, la grand'-garde déjà sur la lisière aura le temps de la faire occuper aussi fortement que possible par des tirailleurs, et d'attendre l'attaque dans cette position avantageuse. Si l'attaque ne peut pas être repoussée, elle subira au moins un temps d'arrêt qui permettra aux détachements qui sont en arrière de prendre les mesures nécessaires. Il faudra avoir soin de placer les grand'gardes, surtout aux points où des chemins sortent du bois, et, s'il n'y en a pas, aux endroits où le bois forme des angles saillants. La distance à laquelle la ligne de postes sera placée en avant du bois sera déterminée en raison de l'obscurité ou de l'existence d'obstacles dont on pourrait profiter. Ainsi par une nuit sombre, l'ennemi étant plus difficile à découvrir, les postes peuvent être placés très en avant, pour donner plus de sécurité à la grand'garde ; tandis que par le clair de lune ils doivent être poussés moins loin, parce que pouvant signaler assez à temps l'approche de l'ennemi, il n'est pas nécessaire de les exposer à être eux-mêmes découverts trop tôt. Lorsqu'une grand'garde dans cette situation ne pourra pas relier sa ligne de postes avec les lignes des grand'gardes voisines, elle devra lui faire former un arc, dont les extrémités s'infléchiront en arrière vers la forêt. Dans ce cas, de fréquentes patrouilles surveilleront l'espace qui s'étend jusqu'aux lignes voisines; elles circuleront le long de la lisière, de préférence en dehors, mais tout près des derniers arbres.

Les ouvrages sur l'art militaire conseillent d'augmenter pour la nuit le nombre des postes, ou d'intercaler de nouvelles grand'gardes sur certains points; c'est certainement une bonne mesure, mais qui nécessite des forces qu'on n'a pas toujours aux avant-postes. Si on voulait observer ce principe avec des effectifs insuffisants, on fatiguerait les hommes par un service excessif, ce qui, ainsi que nous l'avons déjà exposé dans le chapitre X, compromettrait la sécurité générale; on n'y parviendrait du reste qu'en affaiblissant le gros des avant-postes, destiné à soutenir et à recueillir les grand'gardes, et on ne pourrait ensuite opposer nulle part une vigoureuse résistance, en cas d'attaque sérieuse.

C'est seulement dans les petits postes détachés sur des points très-exposés, ayant à se garder dans toutes les directions, qu'il sera souvent nécessaire d'augmenter pour la nuit le nombre des sentinelles, dût-on les mettre simples; aussi il sera bon de faire relever ces postes par le gros, vers la deuxième moitié de la nuit, afin de ne pas fatiguer les hommes, surtout s'ils doivent rester toujours prêts à combattre, l'arme en main et le sac au dos.

Les développements qui précèdent montrent qu'il faut tenir compte de bien des choses pour le placement des avant-postes et les mesures à prendre pour la nuit. Il faudra donc commencer par des situations ordinaires, pour les jeunes capitaines qui ont encore peu d'habitude de ces fonctions; mais on recherchera des cas plus compliqués pour l'instruction des anciens capitaines; en voici quelques-uns, à titre d'exemples.

On donnera à garder à un capitaine un espace de terrain d'une étendue et d'une configuration telles, que son détachement soit insuffisant pour y établir une ligne d'avant-postes entièrement continue, en le prévenant qu'il doit se suffire avec ce qu'il a, et qu'il ne recevra pas de renforts. Ce cas n'est pas rare en campagne.

Une autre fois, pendant que le capitaine sera occupé à placer ses avant-postes, on supposera un changement dans la situation générale, et on lui fera parvenir un ordre lui enjoignant de prendre une position toute différente; ou bien, au moment où il place tranquillement ses avant-postes, on le dérangera en le faisant attaquer par l'ennemi.

On peut encore, lorsque les avant-postes sont déjà placés, faire exécuter par l'ennemi, soit un simple mouvement de reconnaissance qui, après avoir refoulé quelques grand'gardes, se trouve arrêté par le gros des avant-postes; soit une attaque avec des forces supérieures, qui oblige à abandonner la position pour aller occuper une nouvelle ligne en arrière.

On pourra aussi, lorsqu'une position d'avant-postes aura été prise, faire parvenir au chef, l'ordre de s'étendre davantage soit à droite, soit à gauche, soit des deux côtés à la fois; — ou bien, d'avancer sa position, de la reculer ou de changer de front. Ces ordres de changements seront motivés en peu de mots, en supposant des ordres supérieurs, l'arrivée de nouveaux renseignements, ou des changements quelconques dans la situation générale. On peut prendre la nouvelle position pendant la nuit, ou tromper l'ennemi, en occasionnant une alerte chez lui, pendant qu'on retire ostensiblement une partie des anciens avant-postes dans une direction autre que celle que l'on veut suivre. Ces problèmes exerceront les capitaines à une prompte intelligence des circonstances, à une rapide orientation sur un terrain inconnu, à prendre vite une résolution et à donner des ordres clairs et précis.

Après le service des avant-postes, on passera au service de sûreté des détachements d'une ou de plusieurs compagnies, soit en marche, soit cantonnées, dans des contrées insurgées ou parcourues par des partisans ennemis. Ces manœuvres pourront être organisées dans des conditions rappelant l'état de guerre, lors des grands rassemblements de troupes, et dans les marches pour s'y rendre. Ainsi par exemple, après une journée de marche, on supposera qu'un village est assigné au détachement pour y passer la nuit, et on fera répartir par le commandant les hommes devant les différentes habitations ou établissements, comme si on devait les loger réellement; on placera en même temps aux issues ou à l'extérieur du village les gardes et les postes nécessaires. La fatigue même de la troupe rendra plus complète la ressemblance avec l'état de guerre, et si à ce moment on fait attaquer le détachement, on pourra faire ressortir l'opportunité ou les défauts des mesures prises. Cette situation est une de celles où il importe de rester dans une juste mesure, entre une insouciance inconsidérée et une prudence exagérée. On fera remarquer au capitaine commandant le détachement, qu'il ne faut prendre que les mesures de sûreté nécessaires, et qu'il serait imprudent, en campagne, d'imposer à ses hommes un service écrasant qui, après quelques journées de marche suivies de nuits sans repos, produirait un affaiblissement physique et moral, compromettant pour la sécurité de tous.

On exercera encore les capitaines à des opérations ayant pour but de protéger la construction d'un pont, un fourrage au sec, une portion de chemin de fer menacée, etc.. Le but spécial à atteindre, les circonstances du terrain, la situation admise, fourniront des thèmes variées de manœuvres instructives.

Les sujets d'instruction énumérés jusqu'ici ont un caractère défensif; nous allons aborder ceux ayant un caractère offensif.

Les missions de ce genre les plus fréquentes sont les *Reconnaissances*. Déjà en parlant des grandes patrouilles, dont le but est aussi d'avoir des renseignements sur la position et les mouvements de l'ennemi, nous avons dit qu'elles doivent être exécutées hardiment, sans exagérer les mesures de précaution et surtout sans hésitation lorsqu'on rencontre l'ennemi. Cette manière d'agir convient encore bien mieux à des reconnaissances plus considérables, commandées par des capitaines. Cela ne veut pas dire qu'il faille négliger toute prudence et pousser aveuglément le détachement en avant. Bien au contraire, on devra se couvrir au moyen de détachements de flanc peu considérables, afin de ne pas disséminer ses forces, et toutes les fois qu'on attaquera les avant-postes ennemis, ou qu'on laissera des défilés en arrière sur la ligne de retraite, on devra laisser dans une position favorable une réserve assez forte pour qu'on puisse se rallier sur elle en cas d'échec. Après avoir pris les précautions nécessaires, il faut poursuivre son but avec hardiesse et résolution; on s'exposerait à le manquer si on s'avançait avec inquiétude et en hésitant. Dans une entreprise de cette nature, il est toujours possible d'échouer ou de tomber dans une situation critique, mais ce n'est pas en poussant la prudence à l'extrême qu'on se garantira de ces éventualités.

On devra varier ces reconnaissances, et amener des situations inattendues, comme par exemple une rencontre avec un détachement de même force, ou plus fort; — la retraite de l'ennemi de la position qu'on allait reconnaître, soit au moment de l'arrivée de la reconnaissance, soit un peu auparavant, — ou bien encore un changement dans cette position.

Nous renverrons à ce qui a été dit dans le chapitre précédent, au sujet des surprises; mais nous y ajouterons les observations suivantes, nécessitées par l'effectif plus élevé de la troupe agissante et le résultat plus considérable que l'on cherche à obtenir.

Une surprise exécutée par un petit détachement, et dont le commandement est confié à un lieutenant ou à un sous-lieutenant, n'a généralement pour but que d'intimider l'ennemi, de prendre une revanche d'une surprise faite par lui, ou de faire quelques prisonniers pour avoir des renseignements; elle a encore pour objet d'exciter la confiance et l'esprit d'entreprise des troupes. La faiblesse d'un détachement de cette nature, limite donc son rôle à de petites entreprises, dans lesquelles le point important est de tirer le meilleur parti possible du premier moment, puis, que la surprise ait réussi ou non, de battre en retraite sans danger, ce qui ne peut guère s'effectuer qu'à la faveur de l'obscurité ; ces petites expéditions doivent donc être rentrées avant le jour.

Les grandes reconnaissances exécutées avec une ou plusieurs compagnies permettent d'arriver à des résultats plus importants. Si on a réussi à surprendre une grand'garde ennemie, on peut profiter de ce succès pour attaquer les soutiens ou les détachements qui se trouvent en arrière, et leur enlever des points dont la possession peut être utile ; on peut aussi reconnaître avec certitude, la force de l'ennemi, ses positions, ses mouvements, etc. Mais tous ces avantages ne pouvant être recueillis que de jour, les grandes surprises doivent donc, contrairement à ce qui vient d'être dit pour les petites, régler leurs mouvements de manière à pouvoir tomber sur l'ennemi, peu de temps seulement avant la pointe du jour.

Les capitaines ne pourront être exercés aux fonctions de commandant d'avant-garde, d'arrière-garde ou de détachement de flanc, que pendant les marches ou les manœuvres de corps assez considérables. Les principes relatifs à ces diverses fonctions ont été suffisamment développés dans le chapitre IV. Nous n'y reviendrons donc pas ; nous insisterons seulement sur la nécessité d'opérer toujours en présence d'un ennemi réellement représenté, qui, en inquiétant la marche de la colonne, exerce l'habileté du chef dans le choix des dispositions à prendre, ce qui permet d'en apprécier le mérite ou les défauts.

Il sera facile d'exercer plus fréquemment les capitaines au commandement d'une arrière-garde, parce qu'on peut, sans que le corps principal qu'il s'agit de couvrir existe réellement, leur donner à défendre une ligne quelconque, pendant un temps déterminé, circonstance qui se présente assez souvent dans la réalité.

On peut aussi donner à un capitaine la mission de faire une étape avec un détachement d'une ou de plusieurs compagnies, en le faisant inquiéter par des partisans ou par des détachements ennemis, et en lui laissant l'initiative des mesures à prendre pour la conduite et la sécurité de sa troupe.

Comme nous l'avons indiqué au chapitre précédent pour les lieutenants et sous-lieutenants, les petites opérations de la guerre fourniront une série d'exercices pour les capitaines, en donnant à ces opérations un développement en rapport avec l'élévation du grade et l'effectif de la troupe. Telles sont : les escortes de grands convois de prisonniers ou d'approvisionnements de guerre; la protection des fourrageurs; l'établissement des ponts et des ouvrages de fortifications; la garde des lignes de chemins de fer, etc.

A ces missions d'un caractère défensif on peut opposer des expéditions offensives; comme, par exemple : attaquer un convoi; interrompre un fourrage; empêcher l'ennemi de jeter un pont; intercepter une ligne de chemin de fer, etc. Mais il n'est pas nécessaire que les missions des deux détachements opérant l'un contre l'autre soient toujours directement opposées, situation dans laquelle chacun connaîtrait alors toujours à l'avance les desseins de son adversaire. Il vaut mieux, ainsi que cela se rencontre fréquemment à la guerre, que chaque détachement poursuive un but complétement inconnu de son adversaire ; par exemple, un détachement allant protéger un fourrage, qui rencontre un adversaire chargé de détruire un chemin de fer. Cela amènera des circonstances imprévues, qui obligeront chaque chef à deviner les intentions de l'adversaire d'après ses actes, et à prendre promptement les dispositions nécessaires.

Il ne faut pas non plus toujours faire suivre le même chemin à deux détachements envoyés l'un contre l'autre, parce que chacun d'eux sait ainsi qu'il rencontrera l'ennemi sur sa route, ce qui est très-rare à la guerre. A la vérité, si on agit ainsi, c'est dans la crainte que les deux adversaires ne se rencontrant pas, la manœuvre ne reste sans résultat.

Nous allons indiquer par quelques exemples le moyen d'éviter cet inconvénient, tout en faisant suivre aux détachements opposés des chemins différents.

A C
D . . . . B

On donnera au détachement partant de A une mission quelconque dans la direction de C ; et au détachement ennemi B, une autre mission dans la direction de D.

Si on prenait entre les deux lignes AC et BD, une

distance assez grande pour que le détachement A n'eût pas de motif pour porter son attention jusqu'à la ligne BD, ni le détachement B jusqu'à la ligne AC, les deux adversaires passeraient probablement sans se voir. Pour éviter ce résultat, il faudra prendre les lignes AC et BD assez voisines l'une de l'autre pour qu'il paraisse nécessaire à chaque détachement de faire observer la ligne opposée par ses patrouilles de flanc ; de chaque côté, les chefs de ces patrouilles, rencontrant le gros de l'ennemi, auront à apprécier sa force, et à faire leurs rapports aux chefs des détachements A et B, qui auront de leur côté à juger l'ensemble de la situation et à décider si, d'après les nouvelles qu'ils reçoivent de l'ennemi, ils doivent poursuivre l'exécution des ordres qu'ils ont reçus ou s'il y a lieu d'y renoncer, et dans ce dernier cas s'il faut simplement battre en retraite ou s'opposer à l'ennemi, ou bien essayer d'opérer contre ses flancs ou ses derrières.

Nous rappellerons ici que c'est dans les situations de ce genre que l'indécision est funeste, et qu'il vaut toujours mieux prendre une résolution prompte et l'exécuter hardiment que de rester en place à attendre que l'ennemi agisse, pour savoir ce qu'on devra faire.

On peut varier à l'infini le programme que nous venons d'esquisser d'une manière générale, en basant les combinaisons sur la configuration du terrain et la diversité des missions ; pour ajouter encore à cette variété, on pourra prescrire à l'un des adversaires une attitude défensive, et donner à l'autre une mission offensive. L'exemple suivant en donnera une idée.

Supposons qu'un détachement, ayant reçu une mission défensive quelconque, ait pris position dans les environs du point A, son front tourné dans la direction de C, et qu'un autre détachement, ignorant la présence de l'ennemi en A, reçoive une mission offensive, le conduisant de B dans la direction de D.

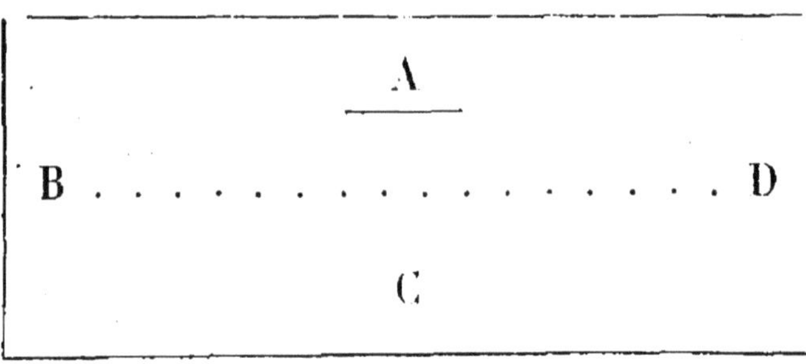

Si dans ce programme, la ligne BD se trouvait à une distance de A telle que le détachement A n'ait pas l'occasion d'envoyer des patrouilles jusqu'à la ligne BD, ni le détachement B ses flanqueurs jusqu'aux environs de la position A, il est évident que la manœuvre n'aurait aucun résultat, car les deux partis ne se verraient pas et n'apprendraient rien l'un sur l'autre. Mais si on place la ligne BD dans le rayon des patrouilles du détachement A, et le point A dans le rayon parcouru par les flanqueurs du détachement B, il en résultera une rencontre pouvant amener des situations très-instructives, notamment si la nature de la mission du détachement B exige qu'il conserve sa ligne de retraite vers son point de départ B.

D'autres combinaisons peuvent résulter d'un plan de manœuvres dans lequel les deux lignes d'opérations se croisent, mais dans ce cas il faut calculer l'espace et le temps avec assez de soin pour que les deux détachements ne se manquent pas. Nous allons en donner un exemple.

Supposons que le détachement A ait reçu une mission quelconque dans la direction de C, et le détachement B une autre mission dans la direction de D.

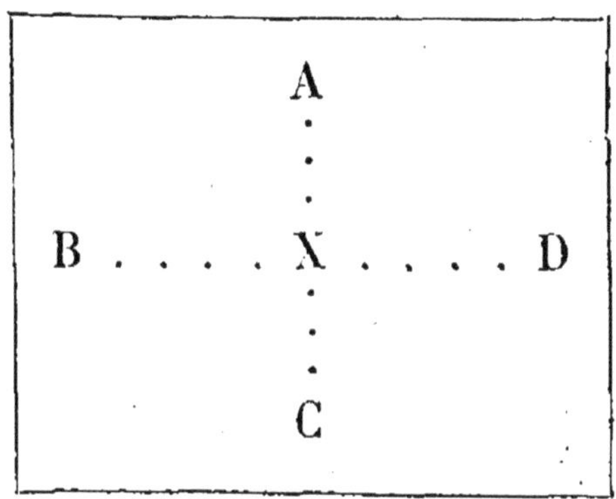

Si le détachement B n'est mis en route que longtemps après le détachement A, il pourra arriver que celui-ci ait déjà dépassé X, point d'intersection des deux lignes d'opérations, et soit déjà près du point C lorsque le détachement B passera derrière lui, sans qu'ils se doutent ni l'un ni l'autre de cette circonstance. Bien que cela arrive assez souvent à la guerre, il serait sans objet de faire naître une situation semblable dans les manœuvres du temps de paix.

Les recommandations faites au chapitre précédent sur l'utilité de ne communiquer le programme des manœuvres qu'au moment même où elles commencent, et sur la nécessité de laisser chaque chef de détachement dans une incertitude complète au sujet de la force de l'ennemi, s'appliquent également à l'instruction des capitaines.

Quant aux *Relations* à rédiger sur es manœuvres qui ont eu lieu, il n'est pas nécessaire d'en demander aux capitaines ; ils sont trop absorbés par leurs occupations multipliées, et celui qui arrivé à ce grade n'aurait pas encore acquis la faculté d'écrire d'une manière correcte, y arriverait difficilement en rédigeant quelques mémoires de ce genre.

Si on objectait à cela que l'officier supérieur qui a dirigé la manœuvre et qui, n'ayant pu être présent sur tous les points à la fois, a besoin d'avoir un rapport écrit pour pouvoir juger les dispositions qui n'ont pas été prises sous ses yeux, il faudrait remarquer que le champ d'action des manœuvres confiées à des capitaines n'est pas tellement étendu, qu'un officier supérieur actif et bien monté ne puisse suivre les mouvements, et connaissant le programme de la manœuvre, se trouver aux points où il y aura rencontre et où les choses se décideront. Si quelque détail lui a échappé, il pourra toujours se renseigner, par des questions faites après coup, dans l'examen critique.

Quant à *l'examen critique* des manœuvres qui ont eu lieu, il servira d'abord à faire connaître à l'officier supérieur les motifs qui ont guidé les chefs des détachements dans les dispositions adoptées, à moins que cela n'ait déjà eu lieu dans le cours des manœuvres. Si ces motifs ne sont pas d'accord avec les idées personnelles de l'officier directeur, celui-ci ne devra pas à cause de cette divergence refuser toute valeur aux raisons de ses subordonnés. Une seule manière d'agir doit toujours être considérée comme une faute; c'est celle qui, ayant pour cause le manque de résolution, conduit à des demi-mesures et à une attitude hésitante.

Dans tout le cours de ce chapitre, on a supposé que les capitaines n'avaient à commander que des détachements d'infanterie. Il n'est guère possible qu'il en soit autrement, les colonels d'infanterie n'ayant pas les autres armes à leur disposition.

Il pourra cependant arriver, en campagne, que des capitaines aient à commander des détachement mixtes; il est donc à désirer qu'ils puissent s'exercer à les conduire. Mais l'occasion ne pourra s'en présenter que dans les rassemblements de grands corps de troupes, dont les manœuvres sont dirigées par des généraux. Ces manœuvres d'armes combinées ayant pour but *l'instruction des officiers supérieurs*, pour éviter les redites nous renverrons au chapitre suivant, qui lui est entièrement consacré.

CHAPITRE XIII.

Instruction des officiers supérieurs. — Manœuvres d'armes combinées.

Ainsi que son titre l'indique, ce chapitre traitera spécialement des manœuvres d'armes combinées. Bien que cet ouvrage soit écrit pour l'instruction de l'infanterie, il demeurerait incomplet si on ne démontrait pas comment, dans les opérations d'une certaine importance, l'action de l'infanterie doit se combiner avec celle des autres armes.

Cette action combinée est si nécessaire et si fréquente que, si les officiers et les troupes des différentes armes n'y étaient pas préparés par des manœuvres faites en commun, leur instruction ne répondrait pas suffisamment aux nécessités de la guerre. Ce que nous allons développer sur ce sujet peut donc s'appliquer à l'instruction des officiers supérieurs de toutes les armes.

La *direction supérieure* des manœuvres d'armes combinées appartient naturellement aux généraux de division, qui ont autorité sur les différentes armes; mais il sera utile à l'instruction de tous qu'elle soit souvent déléguée aux généraux de brigade et aux colonels.

L'habitude d'une action commune des différentes armes, surtout de l'infanterie et de la cavalerie, qui sont plus fréquemment employées dans le service en campagne et la petite guerre, est tellement nécessaire, qu'il est à désirer que dans les garnisons où ces deux armes se trouvent réunies, sans être sous l'autorité d'un chef commun, les commandants de chaque corps puissent s'entendre pour organiser de fréquentes manœuvres en commun.

Nous indiquerons d'une manière générale les mesures à prendre pour conserver aux manœuvres d'armes combinées leur ressemblance avec la guerre, autant que cela est possible dans des exercices faits en temps de paix.

Il faut d'abord que les deux partis opposés ignorent la mission et les forces de l'adversaire. Ensuite, il est nécessaire que les *programmes* ne soient communiqués qu'au point même d'où les détachements doivent partir pour les mettre à exécution; c'est ainsi du reste que cela se passe en campagne. Si ces programmes étaient communiqués plus tôt, ils pourraient être, il est vrai, plus mûrement étudiés; mais les éventualités trop minutieusement prévues à l'avance ne vaudraient pas, pour l'instruction des chefs, l'habitude des dispositions concises prises sur-le-champ, suivant l'inspiration du moment. Enfin, en recevant le programme à l'avance les officiers iraient sans doute reconnaître le terrain sur lequel il doit s'exécuter, et perdraient ainsi l'occasion d'apprendre à se retrouver rapidement sur un terrain inconnu. Il ne faut pas croire non plus que pour que tout soit convenablement ordonné, il soit nécessaire de prescrire, dès le commencement, la position de chaque poste, le chemin à suivre par chaque patrouille, la conduite de chacun des corps détachés sur les flancs, bref, d'entrer dans les moindres détails. On ne peut pas procéder ainsi en campagne; il ne faut donc pas y habituer les chefs en sous-ordre; il vaut mieux développer chez eux la spontanéité et l'esprit d'initiative.

On ne devra pas mettre toujours en opposition directe l'une avec l'autre les missions à remplir par les deux détachements, tant sous le rapport de la direction du front et de la ligne d'opérations, que sous celui de l'objectif des expéditions, c'est-à-dire que l'on ne prendra pas toujours, de part et d'autre, deux positions parallèles, ou que les deux partis ne marcheront pas directement au-devant l'un de l'autre, et que l'un d'eux ne sera pas chargé d'empêcher exactement ce que l'autre doit faire.

Pour habituer les chefs aux résolutions promptes, on fera parvenir, dans le cours de la manœuvre, à l'un des deux partis, ou à tous les deux à la fois, des ordres modifiant le programme primitif, ou bien on fera intervenir des circonstances nouvelles, qui créeront une situation inattendue.

Afin que les commandants des détachements mixtes puissent acquérir l'habitude de l'initiative, indispensable surtout aux officiers supérieurs, le chef qui dirige une manœuvre d'armes combinées ne doit pas intervenir dans les mesures à prendre ni dans leur exécution, lors même que la manœuvre prendrait une tournure différente de celle qu'il avait en vue. Ce ne serait que dans le cas où il verrait que les deux détachements risqueraient de ne pas se rencontrer, qu'il les ramènerait dans le rayon d'action l'un de l'autre, par un nouvel ordre, complétant ou modifiant le plan primitif, mais toujours sans intervenir dans les dipositions à prendre, ni dans les mesures de détail à appliquer à cette occasion.

L'arbitrage du directeur de la manœuvre, au moment

de la rencontre tactique des deux adversaires, ne doit pas être considéré comme une atteinte à l'initiative des chefs. Cet arbitrage est très-souvent nécessaire, lorsque ni l'un ni l'autre des deux partis ne veut céder, et que tous deux prétendent que c'est à l'adversaire à se retirer. Il a lieu notamment dans les combats qui se livrent sur certaines positions (défilés, chaînes de collines, lisières de forêts, villages etc.), où l'assaillant cherche à se prévaloir de sa supériorité numérique, et le défenseur des avantages de terrain qui le favorisent.

Cette sentence arbitrale, destinée à mettre un terme à une suspension naturelle à un combat sans but, à des conflits, à l'animosité ou aux excès, entre deux adversaires en présence, n'est pas toujours facile à prononcer. En effet, il faut prendre en considération avec le plus grand soin toutes les circonstances qui peuvent avoir de l'influence, pour pouvoir reconnaître auquel des deux partis l'avantage serait resté en guerre, dans une situation identique.

La difficulté de prononcer dans les cas douteux a conduit des militaires estimés à proposer de recourir au sort, pour décider de l'issue des combats dans les manœuvres, ainsi que cela se pratique dans le *jeu de la guerre* (Kriegsspiel). Mais cette manière de procéder n'est pas réellement militaire; elle ferait considérer comme un jeu de hasard des manœuvres qui, bien que représentant des combats simulés, doivent néanmoins conserver toujours un caractère sérieux. On ne doit donc pas avoir recours au sort, et c'est le supérieur qui doit décider, en s'appuyant sur l'autorité que lui donne son grade.

Sans doute le rôle d'arbitre est délicat, puisqu'il faut

se prononcer contre un des deux adversaires, et qu'il est difficile en réalité, de se représenter bien clairement à soi-même le résultat qu'aurait amené en guerre la manœuvre qu'on fait dans l'état de paix. En général, dans la décision arbitrale, il faut considérer tout particulièrement et mettre en balance le moment où les deux adversaires se rencontrent et où le combat s'engage. Par exemple, il arrive souvent dans les manœuvres qu'un détachement posté d'une manière tout à fait avantageuse, d'après le terrain, se trouve graduellement dans une position moins favorable, parce que les tirailleurs ennemis, ne tenant pas compte du feu (circonstance qui se présente facilement dans une manœuvre, mais qui n'aurait pas lieu en guerre), ont occupé peu à peu des points, qui rendent la position plus difficile à défendre. Si le supérieur qui dirige ou qui joue le rôle d'arbitre voulait alors juger d'après la situation du *dernier moment*, l'assaillant serait évidemment favorisé au détriment de la partie défensive. Dans ce cas l'arbitre doit intervenir au contraire, dès que l'un des deux adversaires ne tient pas un compte suffisant de l'efficacité des armes ennemies.

Après les considérations relatives à la force numérique et au terrain, il faut encore, lorsque l'on apprécie la situation d'une manœuvre, tenir compte de l'ordre tactique dans lequel se trouve un détachement à un moment quelconque du combat, et notamment dans un moment critique. Ainsi, par exemple, un bataillon formé en carré, qui est resté dans un ordre parfait et qui y est encore, ne saurait être considéré comme vaincu par la charge de brigades entières de cavalerie; tandis qu'un autre bataillon, qui n'est attaqué que par un seul escadron, mais au moment où il est en train de passer de l'ordre en bataille à la formation en carré, et qui est peut-être pris en flanc, doit être considéré comme culbuté, et par conséquent comme étant mis hors de combat.

La *critique* qui doit suivre les manœuvres d'armes combinées repose sur les mêmes principes que la décision arbitrale. Cependant, si dans les sentences arbitrales le supérieur doit former rapidement son opinion d'après ses propres observations, et l'exprimer sans permettre de longues répliques, il devra dans la *critique* ne se prononcer qu'après avoir laissé aux chefs qui ont agi dans la manœuvre la latitude d'exposer et de développer les raisons des dispositions qu'ils ont prises, et accorder à ces raisons la valeur qu'elles méritent. Le proverbe « tous les chemins conduisent à Rome » n'est jamais plus exact que dans les entreprises militaires.

Ainsi que nous l'avons déjà dit précédemment, le supérieur qui apprécie la manœuvre doit juger d'après le résultat, et ne pas condamner les mesures prises par cela seul qu'elles sont en désaccord avec sa propre manière de voir. Il ne doit pas perdre de vue que les habitudes d'initiative et de résolution sont les qualités qu'il importe le plus de développer chez les chefs de tous grades, et qu'il ne faut réellement blâmer et sévèrement réprimander que les procédés conduisant à des demi-mesures, à des résolutions lentes, à une expectative incertaine, à des combinaisons compliquées et à un défaut d'action énergique poursuivie avec suite. Nous revenons sur ces recommandations, parce qu'on ne saurait leur accorder trop d'attention.

Lorsqu'il s'agira de faire la *critique* d'une manœuvre devant les officiers qui y ont pris part à tous les degrés, il sera profitable à l'instruction de tous d'entrer dans les détails dont l'exécution a été confiée à des officiers des grades inférieurs, et de s'étendre sur le service des avant-postes, sur celui des éclaireurs, sur la manière dont les détails des combats ont été dirigés. Mais lorsque l'examen portera sur les dispositions générales prises par les chefs supérieurs qui ont commandé les partis opposés l'un à l'autre, l'esprit militaire et l'intérêt de la discipline exigent que la critique n'ait lieu qu'en présence de ces chefs et tout au plus de ceux du grade immédiatement inférieur.

L'appréciation de la conduite des officiers supérieurs et des chefs agissant isolément sur certains points ne doit du reste pas toujours être faite seulement lorsque toute la manœuvre est terminée. Lorsque, par exemple, le chef supérieur interviendra comme arbitre dans le cours de la manœuvre, il sera souvent obligé de joindre à sa décision, une sorte de critique, notamment lorsque la situation sera tellement compliquée, qu'on ne pourra démontrer que sur la place même, et d'après la position actuelle du combat, en quoi une faute a été commise soit d'un côté soit de l'autre. Dans ce cas, une suspension doit avoir lieu immédiatement, à un signal déterminé; pendant le repos qui en résulte, chaque détachement, jusqu'au plus petit, même jusqu'à chaque tirailleur, doit rester sur l'emplacement qu'il occupe au moment du signal (1).

(1) Voir à ce sujet le règlement sur le service en campagne et les grandes manœuvres de l'armée prussienne, titre VI, art. 13. (F. L.)

Il est nécessaire de prévoir le cas où des officiers, en plus ou moins grand nombre, assisteraient aux manœuvres comme spectateurs. Sans avoir un rapport direct avec les manœuvres, leur présence peut cependant exercer une certaine influence sur leur marche. En effet, si on les autorise à choisir tout à fait à leur gré les points d'où ils veulent voir la marche de la manœuvre, ils se placeront naturellement là où, d'après ce qu'ils auront appris des missions données et des ordres généraux, il y a lieu de s'attendre à une rencontre. L'arrivée de ces groupes sur certains points pourrait donc être pour l'un ou l'autre des détachements qui manœuvrent un signe certain que l'ennemi a l'intention de se diriger de ce côté. Ce moyen de deviner les intentions de l'ennemi, moyen qui n'existerait pas en campagne, contribuerait donc à altérer la similitude de la manœuvre avec la guerre. D'un autre côté, l'approche d'une bande nombreuse de spectateurs à cheval, peut donner lieu à des rapports faux et aux mesures erronées qui en résulteraient, car il arrivera souvent que de loin on ne pourra pas distinguer si c'est un peloton de cavalerie ennemie ou un groupe de spectateurs qui s'approche, illusion à laquelle on n'est point exposé en campagne. Enfin, des spectateurs par trop nombreux empêcheront facilement, au moment même de la rencontre tactique, de jeter un coup d'œil d'ensemble sur l'ennemi et d'apprécier exactement sa force, s'ils se promènent entre les deux détachements prêts à combattre.

Pour éviter ces inconvénients, l'officier qui voudra assister à la manœuvre comme spectateur devra choisir celui des deux détachements auquel il voudra s'adjoindre. Pendant le cours de la manœuvre il sera tenu de rester avec ce détachement, et de se tenir toujours *derrière* un des groupes en rangs serrés, des plus avancés. Il doit être expressément défendu aux spectateurs de se promener entre les lignes d'avant-postes ou les lignes de tirailleurs, de marcher en avant des extrêmes pointes ou des patrouilles, et même de se tenir immédiatement en arrière de ces pelotons détachés, pour ne pas contribuer à les faire apercevoir trop tôt ou à faire apprécier leur force d'une manière inexacte.

Ces mesures restrictives ne rendront pas les manœuvres moins instructives pour les spectateurs. Ce serait une erreur de croire qu'il est avantageux pour eux de connaître le programme général et de pouvoir dominer d'un coup d'œil l'ensemble de la situation. Il est préférable qu'ils soient toujours limités à la connaissance de ce qui se passe dans l'un seulement des deux partis; ce n'est que de cette manière qu'ils pourront développer sérieusement leurs capacités, en se mettant par la pensée dans la situation du chef de ce parti, et en se représentant ce qu'ils feraient au milieu des circonstances qui se produisent dans le cours de la manœuvre. Ce n'est qu'en se trouvant souvent en présence d'un adversaire dont on ne connaît ni la force ni les intentions, qu'on peut exercer la faculté d'estimer de loin cette force et de déduire des nouvelles qu'on reçoit de l'ennemi la situation dans laquelle il se trouve.

Il ne saurait être question de demander aux officiers supérieurs et généraux, ayant exercé un commandement dans les manœuvres d'armes combinées, la relation écrite de leurs opérations; mais comme ces manœuvres embrassent généralement une grande étendue de terrain, et que le chef supérieur qui les dirige ne peut pas en connaître tous les détails, il sera utile que les officiers qui ont commandé les partis en présence fassent rédiger cette relation, par leurs officiers d'ordonnance ou leurs aides de camp. Ce travail sera remis sous le nom de son auteur, et l'officier supérieur ou général se contentera d'y ajouter ses observations, sans rien modifier dans le corps du rapport. Bien entendu il ne sera pas permis à l'aide de camp rédacteur de *discuter* les motifs des mesures prises ou les causes des faits, qui sont du domaine de la critique. Les ordres généraux et les faits ne seront exposés qu'au point de vue historique, d'une manière exacte, claire et permettant d'embrasser l'ensemble d'un coup d'œil. Ces relations devront être remises dans un aussi bref délai qu'en campagne, c'est-à-dire quelques heures tout au plus après la fin de la manœuvre. Elles constitueront alors un véritable moyen d'instruction pour ces jeunes officiers.

Après cet exposé général sur l'organisation des manœuvres d'armes combinées, les idées dans lesquelles elles doivent être conçues, leur programme, l'esprit dans lequel on doit les diriger, le jugement à porter sur la manière dont les ordres ont été exécutés, et les rapports à faire, nous allons discuter les différents genres de thèmes que l'on peut tracer; dans cette discussion, nous embrasserons non-seulement l'organisation et la direction des manœuvres, mais nous entrerons dans les détails d'exécution, afin d'examiner la valeur des procédés usités. Nous commencerons par les cas les plus fréquents en campagne, et nous passerons ensuite à ceux qui se présentent plus rarement.

Pour exécuter le service des avant-postes avec armes combinées, d'une manière qui ressemble à l'état de guerre, il est évident que l'on devra donner aux manœuvres une plus grande extension dans le temps et dans l'espace, que lorsqu'il ne s'agit que de l'instruction des soldats et des officiers d'une seule arme.

L'extension plus grande comme espace n'a pas seulement rapport à la longueur des lignes d'avant-postes, qui augmentent naturellement en raison de la plus grande force numérique des troupes ; elle s'applique encore à la distance qui doit séparer deux lignes d'avant-postes ennemis en présence. Si par exemple cette distance n'était que de deux kilomètres environ, en envoyant des patrouilles de cavalerie, chaque ligne arriverait dès la première heure de la manœuvre à la connaissance complète de la position ennemie; il ne resterait plus alors à chaque parti qu'à surveiller son adversaire, en entretenant des patrouilles dans cette étroite bande de terrain. Mais si on veut se rapprocher de la ressemblance avec l'état de guerre, laisser les chefs des avant-postes dans l'incertitude sur la force et les mouvements de l'ennemi, donner un certain jeu aux patrouilles, reconnaissances et autres expéditions, imprimer aux manœuvres un caractère varié, intéressant et instructif, la distance entre les avant-postes opposés devra être au moins de quatre kilomètres, si ce n'est huit et même davantage.

L'extension plus grande dans le temps est la conséquence de celle dans l'espace et de l'effectif plus élevé des troupes agissantes. Dans les manœuvres faites par une seule arme, pour l'instruction des officiers subalternes, il suffit d'une période de vingt-quatre heures. Mais lorsqu'on adjoint d'autres armes, la cavalerie notamment, les combinaisons et les situations plus variées qui en résultent, l'étendue plus considérable du champ d'opération, la nécessité de donner aux officiers supérieurs l'occasion de s'habituer à prendre les mesures qui résultent d'une certaine durée des avant-postes, des manœuvres de vingt-quatre heures ne suffisent plus; il faut les faire durer trois jours au moins. C'est seulement avec des manœuvres de cette durée qu'on aura la mesure des forces physiques des hommes et des chevaux, et celle des rapports à observer entre les détachements qui sont aux avant-postes extérieurs, et ceux qui restent en arrière comme soutiens et comme replis. Ce n'est qu'en faisant faire le service des avant-postes pendant plusieurs jours de suite par les mêmes troupes qu'on fera comprendre aux officiers et aux soldats les difficultés qu'il présente en campagne et les mesures à adopter suivant les circonstances.

Aussi ne saurait-on faire trop souvent des manœuvres de plusieurs jours avec armes combinées : l'importance n'en est pas contestée; mais pour arriver à cette action commune on est obligé de faire quitter aux troupes leurs garnisons pour plusieurs jours, et il en résulte une augmentation de dépenses; cette double considération empêche de rendre ces manœuvres aussi fréquentes qu'on le voudrait. Il est cependant possible, dans les garnisons importantes, composées de différentes armes, d'atténuer cette difficulté, en faisant sortir de la ville pour plusieurs jours un détachement mixte, qui va occuper à quelque distance une ligne d'avant-postes ayant son front tourné vers la place; puis on fait exécuter de nuit et de jour, par les troupes restées dans la place, des expéditions de différentes natures, telles que reconnaissances, alertes, surprises, etc.

Mais il ne faut employer ce moyen que de temps à autre, car il a l'inconvénient de ne permettre qu'une situation uniforme, celle de la défensive, et par conséquent d'enlever à ces manœuvres leur principal élément d'instruction, en n'amenant pas ces situations variées et inattendues qui demandent de l'initiative et des résolutions promptes. On ne saurait trop le répéter, c'est l'esprit d'offensive et d'action énergique qui doit être la base de toutes les actions militaires, depuis le commandement des grandes armées jusqu'à celui des patrouilles; aussi les commandants d'avant-postes ne sauraient trop se pénétrer de ce principe, que l'offensive est le meilleur moyen de se préserver des entreprises de l'ennemi.

Donc les exercices relatifs au service des avant-postes avec armes combinées devront se faire autant que possible dans des manœuvres où les deux détachements, opérant l'un contre l'autre, quitteront la garnison pour un certain temps, et resteront pendant plusieurs jours et plusieurs nuits dans les conditions de la guerre de campagne.

En campagne, les généraux commandant les corps ou les armées indiquent souvent aux avant-gardes les lignes ou au moins les points principaux jusque auxquels les avant-postes doivent être poussés; mais souvent aussi ils se bornent à prescrire, en termes généraux, de couvrir le corps d'armée ou l'armée dans la direction où se trouve l'ennemi, ou dans laquelle on a l'intention d'opérer. Cette dernière manière de donner les ordres, laissant au chef d'une avant-garde beaucoup plus de latitude et d'initiative, et exigeant qu'il étudie le terrain avec plus de soin, on l'emploiera de préférence.

On ne devra pas, dans ces grandes manœuvres de service en campagne, suivre la progression méthodique qui a été indiquée pour l'instruction particulière des soldats et des chefs, c'est-à-dire qu'il ne faudra pas invariablement commencer par lancer des patrouilles et reconnaissances. On devra au contraire tracer les programmes de manière à placer les deux partis dans des conditions diverses et variables, afin que ceux qui les commandent s'accoutument, suivant le terrain, la situation générale, les nouvelles de l'ennemi et les circonstances, à prendre les dispositions qui paraissent être les meilleures. Rien n'est plus dangereux pour un chef que de se laisser surprendre par les événements, et de demeurer décontenancé devant une circonstance inattendue. Il faudra donc laisser aux commandants des deux partis la plus grande latitude dans l'exécution de leur mission, et donner dans le cours de la manœuvre, soit à l'un d'eux, soit même à tous les deux, de nouvelles instructions; si elles arrivent pendant la nuit ou dans un moment où la ligne des avant-postes est mise en alerte par l'ennemi, ou lorsqu'un détachement parti pour une expédition quelconque n'est pas encore revenu, cela mettra la prudence et l'habileté des chefs à l'épreuve et rendra la manœuvre plus instructive.

Quant à la manière dont l'officier qui dirige la manœuvre doit la terminer, nous répéterons ce que nous avons déjà dit, que ce ne doit pas être au moment où une attaque vient d'avoir lieu, afin de ne pas perdre le bénéfice d'un des problèmes de tactique les plus difficiles à résoudre : rétablir l'ordre et la cohésion, après la confusion d'un combat, surtout s'il a été désavantageux.

Nous allons compléter les explications qui précèdent, sur l'organisation des manœuvres d'armes combinées, par quelques indications relatives à l'exécution des programmes par les commandants des détachements en présence.

Un principe incontesté en théorie est que chaque arme doit être employée, surtout dans le service des avant-postes, sur un terrain qui réponde à ses propriétés spéciales, et que par conséquent, en ce qui concerne les deux armes qui concourent presque exclusivement à ce service, celui-ci doit être fait principalement par l'infanterie sur les terrains coupés et couverts, et par la cavalerie sur les terrains découverts.

Dès que l'on se trouve sur un terrain où l'un ou l'autre de ces deux caractères prédomine sur une grande étendue, il ne peut y avoir aucun doute relativement à l'application de ce principe général, car dans de véritables montagnes, dans des forêts continues d'une grande étendue ou dans des contrées basses et marécageuses, que l'on ne peut traverser que par des passages longs et étroits, personne ne songera à mettre aux avant-postes autre chose que de l'infanterie; pas plus qu'à mettre une autre arme que la cavalerie dans de grandes plaines découvertes. Mais l'application de ce principe est moins incontestable là où le terrain est varié, où les plaines alternent avec les collines et les vallées, les espaces découverts avec les bois; où des cours d'eau, tantôt importants, tantôt insignifiants, sillonnent la surface du sol; où la culture a modifié la viabilité, tantôt en l'augmentant au moyen des chemins de communication, tantôt en la diminuant par l'établissement de fossés d'écoulement, de clôtures et de constructions. Dans ces terrains variés, on croit souvent satisfaire au principe qui règle l'emploi des deux armes en entremêlant sur la ligne des avant-postes les grand' gardes d'infanterie et de cavalerie, suivant le terrain.

Mais en plaçant ainsi à côté les uns des autres des détachements, toujours faibles, des deux armes, on ne peut pas utiliser convenablement les propriétés de chacune d'elles; la cavalerie est entravée dans sa vitesse, son principal moyen d'action; l'infanterie est paralysée dans sa faculté de se défendre opiniâtrément. De plus, on sait que l'action tactique de la cavalerie est à peu près nulle pendant la nuit; en effet, dès qu'elle ne peut pas se mouvoir sur des chemins frayés, sa vitesse se restreint considérablement, et dans l'obscurité les cavaliers sont vus d'assez loin par les hommes à pied, tandis que ceux-ci peuvent facilement se soustraire à leurs regards. On devra donc, dans les avant-postes en terrain varié, placer d'après la règle et selon la nature du terrain les détachements d'infanterie et de cavalerie, mais en les plaçant *les uns devant les autres*, c'est-à-dire qu'au lieu de les faire alterner *dans l'espace* les uns à côté des autres, on les fera alterner *dans le temps*, en leur faisant prendre à tour de rôle (le jour et la nuit) le service des postes les plus avancés.

On choisira donc *pour le jour*, si la position de l'ennemi le permet, des parties découvertes situées à 3 ou 4 kilomètres en avant du gros des avant-postes ou des corps à garder, pour y placer des grand'gardes de cavalerie sur les chemins principaux et dans les directions les plus importantes, en tirant parti des points d'où on peut avoir une vue étendue. Il n'est pas nécessaire que ces grand'gardes forment une ligne parfaitement continue, ni régulièrement droite ou courbe. On cherchera d'abord, pour *chaque* grand'garde de cavalerie, un point aussi favorable que possible, c'est-à-dire d'où on puisse découvrir le terrain aussi bien en avant qu'à droite et à gauche. Ensuite on tâchera de relier ces grand'gardes entre elles, au moyen de vedettes ou par des patrouilles. Si l'une des grand'gardes est très en avant ou très en arrière des autres, ou s'il se trouve entre elles quelques obstacles tels que : ravins, bois, carrières, villages, etc., leur position ne sera pas pour cela impossible à tenir. Elles communiqueront en tournant l'obstacle en arrière, ou mieux encore en avant, et s'il fallait faire pour cela un trop grand détour, en le traversant si c'est possible. Les petites patrouilles d'infanterie ennemie ne pénétreraient pas facilement entre ces grand'gardes de cavalerie, qui, commandant les parties découvertes, menaceraient leur ligne de retraite. Dans le cas où des détachements d'infanterie ennemie un peu considérables viendraient se loger quelque part entre les grand'gardes de cavalerie, qui alors seraient assez compromises, le commandant supérieur des avant-postes ou de l'avant-garde aurait à juger si, dans ces conditions, les avant-postes de cavalerie doivent être ramenés plus en arrière, ou s'il est possible de faire avancer une partie de l'infanterie qui est derrière, pour chasser ces détachements ennemis.

Dans ces dispositions *de jour*, l'infanterie maintenue en arrière des grand'gardes de cavalerie ne devra pas établir une ligne complète de postes. Il serait évidemment superflu de mettre ainsi une ligne de sentinelles d'infanterie en arrière d'une ligne de vedettes de cavalerie. Il suffira que ces détachements d'infanterie, qu'il ne faudrait pas faire trop faibles et qu'on pourrait appeler *piquets*, pour indiquer leur destination pendant le jour, soient placés sur les points les plus favorables à la défense; par exemple dans des bois, sur des lisières de forêts, des collines, à des débouchés de défilés, de villages, dans des fermes isolées et notamment auprès des chemins par lesquels on peut s'attendre à voir arriver l'ennemi. Ils seront en quelque sorte les replis des avant-postes de cavalerie. Il suffira donc qu'ils se tiennent prêts dans ces conditions, mais en poussant en avant, sur certains points favorables, des *postes d'avertissement* pour être informés à temps de ce qui se passe aux avant-postes, afin de pouvoir prendre des dispositions de combat permettant de tenir aussi longtemps que possible. Les postes avancés de cavalerie devront, de leur côté, faire prévenir tout d'abord ces piquets d'infanterie, de l'approche des détachements ennemis. A cet effet, il sera bon de rattacher spécialement, si c'est possible, chaque grand'garde de cavalerie au piquet d'infanterie destiné à la recueillir.

Quant au *service de nuit*, les conditions ne sont plus les mêmes. L'avantage que possède la cavalerie de pouvoir dominer de vastes espaces et observer à de grandes distances pendant le jour, n'existe plus la nuit. En outre, même sur un terrain uni, un fantassin peut, sans être vu, s'approcher assez d'une vedette de cavalerie, pour pouvoir tirer sur elle presque à coup sûr, ou tout au moins se glisser facilement entre deux vedettes. Enfin, il faut remarquer que les chevaux d'une grand'garde de cavalerie qui est en première ligne pendant la nuit doivent rester sellés et bridés; qu'il n'y a guère moyen de les faire manger ni boire; que les cavaliers qui doivent être prêts à combattre, et qui ont à tenir les chevaux par la bride, ne peuvent se laisser aller au moindre repos, et que par conséquent on fatiguera énormément les hommes et les chevaux. La conséquence de cette manière d'agir, pendant une campagne d'une certaine durée, serait la perte de la plus grande partie de la cavalerie.

On devra donc pour la nuit retirer complétement les grand'gardes de cavalerie, et les placer en arrrière des piquets d'infanterie, qui prendront le nom de grand'gardes, et formeront la ligne de postes la plus avancée, à une distance suffisante pour qu'on puisse débrider et desseller les chevaux en toute sécurité et les faire boire et manger. Dans ce but, les cavaliers rejoindront généralement leurs escadrons, qui se trouvent auprès du gros des avant postes, et dès que les circonstances le permettront, surtout dans la mauvaise saison, on les resserrera même dans des cantonnements. Alors on pourra compter le jour suivant sur des efforts énergiques de la part de la cavalerie, et beaucoup exiger d'elle.

Il est vrai que les grand'gardes et les soutiens des avant-postes devront avoir à leur disposition, même la nuit, quelques cavaliers pour porter les communications pressantes; mais ils devront être pris dans les troupes fraîches et envoyés aux avant-postes à la tombée de la nuit.

Lorsque l'infanterie prendra pour la nuit le service des avant-postes en première ligne, elle pourra, en général, rester sur les points qu'elle occupait pendant le jour; c'est seulement dans la manière de placer ses postes qu'il y aura une modification essentielle à introduire. Les détachements d'infanterie qui pendant le jour auront pu, en qualité de piquets, se contenter d'un petit nombre de postes, devront pour la nuit s'établir suivant les règles, en se couvrant, autant que leur effectif le permettra, d'une ligne continue de postes. La manière de disposer les avant-postes d'infanterie a été suffisamment développée dans le chapitre précédent, pour qu'il soit inutile d'y revenir ici. Nous ajouterons seulement quelques mots relativement à un cas particulier.

Nous avons cité plus haut *les villages* comme des points convenant également bien (à l'infanterie) pour la position d'un piquet pendant le jour, et d'une grand'-garde pendant la nuit. Cela paraît être en opposition avec le principe généralement établi, qu'on ne doit jamais placer de grand'gardes dans des lieux habités. Il est certain que cela peut présenter des dangers si les hommes n'observent pas une discipline sévère, et vont chercher dans les maisons un abri contre le froid ou le mauvais temps. Aussi, ayant le choix entre deux points présentant des avantages tactiques équivalents, par exemple, entre un village et un bois, on devra préférer le bois. Mais s'il ne se trouve pas d'autre point, comme cela arrive souvent dans les contrées plates, ce serait une faute que de négliger les avantages tactiques que peuvent procurer pour un piquet ou une grand'garde les abris qui se trouvent dans un village.

Il ne faudrait pas toutefois mettre la grand'garde au centre du village, et la ligne d'avant-postes aux issues et le long du pourtour extérieur; la grand'garde devra être, au contraire, placée aussi près que possible de l'issue principale qui débouche du côté de l'ennemi, et elle poussera ses postes en avant (comme dans le cas des lisières de forêt) un peu en dehors des issues et des clôtures du village. Alors ce village, qui peut être le seul point de la région où l'on puisse tenir, sera défendu plus facilement que si on avait exposé la grand'-garde en l'installant dans l'intérieur à ne pas arriver à temps pour empêcher l'ennemi d'y pénétrer et de s'y établir. Si, en pays ennemi, ou craignait d'être trahi par les habitants, il faudrait prendre ses précautions, en gardant sévèrement quelques ôtages, pris parmi les principaux d'entre eux. Mais en occupant le village on sera moins exposé à une trahison qu'en s'installant en dehors et en laissant à la population plus de liberté.

Ne pouvant examiner tous les cas qui peuvent se présenter, nous résumerons en peu de mots les traits généraux de la méthode que nous venons d'exposer pour le service des avant-postes composés d'armes combinées.

1° De jour :

Des grand'gardes de cavalerie, poussées aussi loin que possible en avant, sur des parties découvertes.

Derrière ces grand'gardes, des piquets d'infanterie pour les recueillir, occupant des points convenables pour une résistance sérieuse, avec quelques postes de renseignements en avant d'eux.

2° De nuit :

Les pelotons qui jusqu'ici servaient de piquets d'infanterie deviennent la première ligne de grand'gardes, tout en occupant autant que possible les mêmes points que dans le jour; seulement, ils se couvriront d'une ligne de postes aussi complète que possible, et on leur donnera quelques ordonnances de cavalerie.

La cavalerie qui a été de grand'garde pendant le jour sera retirée; suivant les circonstances elle viendra se placer, soit auprès du gros des avant-postes, soit dans des cantonnements en arrière, de manière à pouvoir en toute sécurité, desseller les chevaux et les faire boire et manger.

De cette manière on réussira à garder les corps qui sont en arrière, en tirant le meilleur parti de chaque arme, suivant l'heure et le terrain; chacune ayant en outre pu se reposer avant de prendre son service. Les grand'gardes de cavalerie auront le jour leurs chevaux frais; les grand'gardes d'infanterie seront composées la nuit d'hommes qui pendant le jour auront pu se reposer sous la protection des postes avancés de cavalerie.

Il est généralement admis que les avant-postes doivent être relevés à la pointe du jour, parce que, dit-on, c'est précisément vers la pointe du jour que l'on doit s'attendre aux grandes entreprises de la part de l'ennemi; on a de cette manière l'avantage de tenir éveillés les hommes qui vont descendre, et de doubler leur effectif par l'arrivée de ceux qui viennent les relever, au moment qui est réputé le plus critique.

Ces raisons ont une certaine valeur, et peuvent être bonnes dans certaines circonstances; mais une considération dont on ne tient pas assez compte, c'est que de cette manière on impose aux hommes un surcroît de fatigue, plutôt préjudiciable qu'utile à l'exécution de ce service. En effet, un simple calcul démontrera que les détachements qui doivent relever les avant-postes à la pointe du jour seront, à cause de cela, restés une partie de la nuit sans dormir, ce qui ne doit pas rassurer lorsqu'on songe qu'il faudra compter sur leur vigilance la nuit suivante. On n'a, pour s'en convaincre, qu'à calculer à quelle heure ils devront être debout pour être rendus une heure avant la pointe du jour près des avant-postes qu'ils doivent relever; il faudra inévitablement qu'ils soient sur pied à une ou deux heures du matin, surtout s'ils viennent d'un point un peu éloigné. Il est évident que ces hommes fatigués par une nuit sans sommeil seront dans des conditions physiques peu rassurantes pour veiller aux avant-postes la nuit suivante, et l'on achète ainsi à des conditions bien hasardeuses l'avantage d'être mieux gardé *pendant une seule heure*, celle qui précède la pointe du jour.

Il semble donc nécessaire, surtout pour l'infanterie, que les hommes désignés pour relever les avant-postes, prennent le service de nuit, ayant mangé et pris des forces par le repos. Le meilleur moyen d'atteindre ce but sera de relever les grand'gardes une ou deux heures avant la tombée de la nuit, suivant que le terrain sera plus ou ou moins difficile, afin que les nouveaux avant-postes aient le temps de le reconnaître et de l'étudier.

De cette manière, les nouvelles grand'gardes pourront en arrivant prendre immédiatement leur position de nuit, sous la protection des avant-postes de cavalerie qui à ce moment seront encore en avant. On pourra dans ces conditions, aussi avantageuses que possible, exiger d'autant plus de vigilance de la part des hommes, que le lendemain matin à la pointe du jour la cavalerie ira prendre le service de la première ligne d'avant-postes et que les grand'gardes d'infanterie, reprenant le rôle de piquet, pourront encore prendre un repos relatif.

Au sujet de la vigilance des avant-postes, nous allons indiquer les mesures à l'aide desquelles on peut la contrôler, surtout la nuit. Ordinairement on met ce contrôle au nombre des devoirs du commandant des avant-postes, qui est obligé de veiller jour et nuit, pour inspecter ses divers postes. Si pendant qu'il inspecte sa ligne il arrive au gros des rapports qui nécessitent des mesures immédiates, son absence peut avoir des conséquence fâcheuses. Cependant comme il faut une surveillance, le moyen le plus efficace consisterait en une organisation de rondes successives, faites par les capitaines des compagnies qui forment le gros des avant-postes (il y en a généralement plusieurs). De cette façon le commandant des avant-postes n'aurait pas besoin de s'absenter, et le grade des officiers de ronde garantirait la bonne exécution du service. Ces rondes devront être faites principalement pendant la seconde moitié de la nuit. Si l'ennemi est entreprenant et qu'une grand'garde importante soit menacée, il pourra même être utile d'y envoyer un capitaine pour en prendre le commandement; on pourrait aussi, dans des cas analogues, envoyer des lieutenants ou sous-lieutenants aux postes détachés de sous-officiers ou autres plus exposés, car dans ce cas la présence d'un officier est nécessitée, non par le nombre d'hommes à commander, mais par la gravité de la situation.

La marche que nous venons d'indiquer pour relever les avant-postes n'est applicable qu'à l'infanterie. Quant aux grand'gardes de cavalerie, comme d'après le système que nous proposons elles n'ont de destination que pour la journée, il n'y a pas à les relever, mais en réalité à les replacer à nouveau chaque matin à la pointe du jour; seulement pour qu'elles ne soient pas privées des renseignements si utiles qu'une garde montante reçoit de la garde descendante, les officiers rentrés la veille au soir iront accompagner le lendemain matin ceux qui iront prendre leur service, afin de leur donner ces renseignements indispensables; de plus, en traversant les grand'gardes d'infanterie pour se porter en avant, ils en apprendront les modifications qui pourraient être survenues depuis la veille au soir, dans la situation de l'ennemi, car il ne faut pas croire qu'en retirant chaque soir les grand'gardes de cavalerie on perde pour cela le *contact avec l'ennemi*, puisqu'il est entretenu pendant la nuit par les patrouilles et reconnaissances d'infanterie.

Dans certains cas, par exemple lorsque les avant-postes de cavalerie sont inquiétés trop souvent par l'ennemi, et qu'ils sont restés longtemps en selle et en mouvement, ce serait trop exiger des forces des chevaux que de laisser ces grand'gardes sur pied pendant toute une journée, notamment l'été, au moment des jours les plus longs. Dans ce cas, et surtout lorsque la localité ou le voisinage de l'ennemi ne permettent pas de faire boire les chevaux, il est nécessaire de relever les grand'-gardes de cavalerie vers le milieu du jour, et si l'effectif de la cavalerie est peu considérable, il vaut mieux avoir des grand'gardes plus faibles et les relever plus souvent.

Les développements qui précèdent, sur l'emploi de l'infanterie et de la cavalerie dans les avant-postes, et sur le moment le plus convenable pour les relever, s'appliquent au cas où l'on resterait plusieurs jours dans la même situation. Il est nécessaire maintenant d'examiner si, dans les grandes opérations, lorsqu'on accomplit des marches journalières, et où les avant-postes placés à la fin de la journée de marche se retirent le lendemain matin, il est également avantageux de faire alterner les deux armes suivant l'heure.

Il peut sembler inutile, dans ce cas, de placer à l'arrivée, des grand'gardes de cavalerie pendant le peu d'heures qui doivent s'écouler jusqu'à la tombée de la nuit, ni le lendemain matin pour le temps, peut-être encore plus court, entre le lever du jour et le départ. Cependant il est préférable de s'en tenir à l'emploi des deux armes suivant l'heure de la journée. Sans doute les postes de cavalerie, placés pour si peu de temps après l'arrivée, auront moins le caractère de grand'gardes que de reconnaissances poussées en avant pour éclairer et protéger l'infanterie pendant qu'elle placera ses avant-postes pour la nuit, et ceux que l'on enverra le lendemain matin seront plutôt de grandes patrouilles envoyées en avant en attendant que le mouvement général commence[1], et destinées à former l'avant-garde si on marche à l'ennemi, ou l'arrière-garde si on marche en retraite. Mais peu importe la dénomination qu'on donnera à ce service de courte durée (grand'garde, reconnaissance, avant-garde etc.), le but à remplir est de surveiller le terrain comme le ferait une grand'garde. Nous allons entrer à ce sujet dans quelques détails.

Lorsqu'il s'agira, par exemple, entre deux journées de marche, de se garder simplement pendant une nuit, il sera souvent impossible d'établir une ligne d'avant-postes parfaite, de manière à se garantir contre toute éventualité. En effet si en arrivant sur un terrain inconnu on voulait le reconnaître complétement dans toutes ses parties, il faudrait plusieurs heures avant qu'on pût déterminer la position des avant-postes, et on augmenterait la fatigue déjà produite chez les hommes par une journée de marche plus ou moins longue. Il faudra donc souvent que le commandant des avant-postes, en s'approchant du terrain qui lui est assigné, s'avance rapidement sur le chemin principal qui conduit dans la direction de l'ennemi, jusqu'à un point qui lui permette de voir à une certaine distance; de là il cherchera à prendre une idée générale de la contrée, puis, soit d'après la carte, soit d'après les renseignements recueillis auprès des habitants, ou fournis par ses aides de camp ou ses éclaireurs, il prendra, de la manière la plus simple possible, ses dispositions pour placer les avant-postes. Il enverra alors ses différents postes, principalement sur les chemins qui conduisent du côté de l'ennemi, et il indiquera seulement d'une manière générale aux détachements des deux armes les points qu'ils doivent occuper et le terrain qu'il s'agit de garder, puis il laissera à chaque chef le soin de prendre les dispositions de détail pour les lignes d'avant-postes, suivant les circonstances locales.

L'exemple suivant montrera, autant qu'il est possible de le faire pour un sujet soumis à des combinaisons si variées, comment il faudrait agir dans les circonstances que nous venons de caractériser.

Afin de ne pas être obligé d'avoir recours à une carte, ni à une longue description de terrain, nous supposerons qu'une avant-garde composée de 2 bataillons (1) et de 4

(1) On sait que le bataillon prussien n'est que de quatre compagnies.

escadrons, s'avançant par la chaussée conduisant à la ville A, a reçu dans le voisinage d'une maison de péage située à environ 8 kilomètres en deçà de cette ville, l'ordre de s'arrêter et de placer les avant-postes. Supposons que de cette maison de péage parte un chemin vicinal qui oblique à droite vers la ville B, mais qui traverse d'abord le village C, qui est à une distance de 4 kilomètres environ. A gauche de la chaussée, et à peu près parallèlement, se trouve, à environ 2 kilomètres, une grande route conduisant au bourg D, qui est distant d'environ 6 kilomètres. A 4 kilomètres à gauche de ce bourg sont les forges E, auprès du pont qui traverse la petite rivière F coulant à peu près parallèlement à la chaussée et à la grande route. Le terrain qui s'étend dans toutes ces directions est alternativement plat et montueux, découvert et boisé, ferme et mou. Le commandant a pris, soit par la carte, soit par divers moyens d'information, une idée générale du terrain, et il ordonne verbalement les dispositions suivantes :

« Le gros de l'avant-garde, composé de 5 compagnies et de 3 escadrons, prendra position à gauche de la maison de péage, en deçà de la colline boisée par dessus laquelle passe la route (1).

« La N... compagnie se placera, comme repli des avant-postes, sur la lisière opposée de cette colline boisée. »

(1) Sans vouloir établir de règle fixe sous ce rapport, il paraît convenable en général de commencer par indiquer la position du gros. Les postes détachés sont ainsi orientés dès l'origine, sur leur situation relativement à l'ensemble, et cela dispense de leur donner des instructions minutieuses sur leur ligne de retraite et sur le point où ils devront envoyer leurs rapports.

« La principale grand'garde de cavalerie, forte de 40 chevaux, occupera la colline du moulin à vent, près de la chaussée, à mi-chemin de A (par conséquent à 4 kilomètres en avant du gros), et la chaîne de collines dénudées qui s'étend à droite de la première. Les patrouilles de la grand'garde s'avanceront jusqu'aux faubourgs de A.

« Le principal piquet d'infanterie, fort de 60 hommes, prendra position dans les environs de la tuilerie, qui est en deçà de la colline du moulin à vent, auprès de la chaussée; il occupera les passages qui pourront se trouver dans le terrain marécageux et couvert de buissons qui environne cette tuilerie.

« La grand'garde de cavalerie de l'aile droite, forte de 20 chevaux, se placera en deçà du village C, dans le voisinage du petit bois qui est près du chemin conduisant au village. Elle enverra constamment des patrouilles jusqu'à 4 kilomètres au delà de C, mais elle cherchera en même temps à se mettre en communication, au moyen de quelques patrouilles dans la direction de B, avec le corps franc du capitaine de cavalerie X, qui y a été envoyé.

« Le piquet d'infanterie de l'aile droite, fort de 40 hommes, occupera le pont qui se trouve à moitié chemin de C, sur le ruisseau qui descend de la tuilerie, et le moulin à eau qui est situé à quelque distance à gauche.

« Un détachement spécial, sous les ordres du capitaine Z, formé de deux compagnies et d'un escadron, constituera la gauche des avant-postes. Le gros de ce détachement prendra position auprès de la grande route de D, en deçà de la gorge qui descend de la colline boisée, près de la chaussée, vers la petite rivière F.

« La grand'garde de cavalerie de cette aile gauche, forte de 30 chevaux, se placera dans le voisinage de la bergerie qui est située sur la grande route de D, à environ deux kilomètres en deçà de ce bourg. Les patrouilles de la grand'garde iront jusqu'à D, et aussi à gauche jusqu'à E, où en particulier elles devront vérifier si le passage qui s'y trouve sur la rivière est encore praticable.

« Le piquet d'infanterie de l'aile gauche, fort de 50 hommes, prendra position sur la lisière opposée du bois qui est en deçà de la bergerie, et que traversent les chemins qui conduisent l'un à D, l'autre à E. A la gauche et dans les environs de la maison forestière, qui se trouve auprès de la gorge dont il a été question, on placera un poste détaché de sous-officier de 10 hommes.

« Les pelotons détachés de l'aile gauche enverront leurs rapports au capitaine Z; la ligne de retraite de cette aile sera le long de la grande route qui vient de D.

« Chaque grand'garde et chaque piquet se mettra immédiatement en communication avec les grand'gardes et les piquets voisins, en tant que leur effectif et le terrain le leur permettront; autrement, ils le feront au moyen de patrouilles.

« A la tombée de la nuit, les grand'gardes de cavalerie retireront leurs vedettes et rentreront ensuite : la grand'garde principale et celle de l'aile droite, auprès du gros de l'avant-garde, la grand'garde de l'aile gauche auprès du gros du détachement de flanc de l'aile gauche.

« Avant qu'il fasse tout à fait sombre, les piquets d'infanterie prendront pour la nuit leurs positions comme grand'gardes, sur les points qui leur ont été assignés. Une heure avant le coucher du soleil, on détachera de la cavalerie du gros un sous-officier et six cavaliers, qui seront adjoints à la principale grand'garde d'infanterie, et un sous-officier et quatre cavaliers à la grand'garde d'infanterie de l'aile droite; enfin on donnera à la grand'garde d'infanterie de gauche un sous-officier et cinq cavaliers pris dans l'escadron du détachement de l'aile gauche.

« Deux heures avant la pointe du jour, les grand'-gardes d'infanterie enverront de fortes patrouilles commandées par des sous-officiers, en leur adjoignant quelques ordonnances de cavalerie. La patrouille de la grand'garde principale ira jusqu'à l'entrée des faubourgs de A; celle de la grand'garde de droite jusqu'à C; la grand'garde de l'aile gauche enverra une patrouille jusqu'à D et une autre jusqu'à E.

« Une heure avant la pointe du jour (indiquer l'heure), les nouvelles grand'gardes de cavalerie, de la même force que celles d'aujourd'hui, se tiendront prêtes à sortir; l'officier de la grand'garde principale et celui de la grand'garde de droite se présenteront à cette heure au commandant de l'avant-garde; l'officier de la grand'garde de gauche se présentera au capitaine Z. Les officiers de cavalerie qui sont aujourd'hui de grand'-garde, s'y trouveront en même temps, pour conduire les nouvelles grand'gardes sur le terrain qui leur est assigné et leur donner les renseignements nécessaires.

« Dès que les nouvelles grand'gardes de cavalerie auront dépassé la ligne de nuit des grand'gardes d'infanterie, celles-ci reprendront le rôle de piquets et renverront au gros leurs ordonnances de cavalerie. »

C'est à dessein que l'exemple qui précède ne renferme aucune instruction sur ce que les grand'gardes, piquets, replis etc., auraient à faire si l'ennemi s'approchait d'un point quelconque de la position, ou s'avançait pour attaquer. On a l'habitude, dans les ordres de cette nature, d'entrer dans des détails d'exécution, souvent minutieux, avec l'intention de prévoir à l'avance toutes les éventualités qui peuvent se produire. On perd ainsi inutilement du temps à vouloir rappeler des principes connus, et souvent il arrive tout le contraire de ce qu'on avait prévu, ce qui ne peut que causer des malentendus ou produire l'indécision. Il est donc préférable qu'en partant pour les avant-postes les officiers en soient réduits à l'appréciation qu'ils feront eux-mêmes de la situation dans chaque cas particulier, et qu'ils agissent d'après leur propre initiative.

Il faudra à peine un quart d'heure pour donner des instructions dans lesquelles on désigne d'une manière générale, comme dans l'exemple qui précède, à chaque poste détaché, les lignes à occuper, et où on ne lui indique que les points les plus importants à faire observer par des patrouilles, en laissant à chaque officier le soin des détails. Par conséquent, la sécurité, qui est le but des avant-postes, commencera presque aussitôt que l'ordre de les placer aura été donné, par la mise en mouvement des différents détachements vers les points qu'ils doivent occuper. On devra s'opposer brièvement aux questions inutiles sur les mesures de détail à prendre sur place, questions qui sont faites souvent par ceux qui craignent d'engager leur responsabilité. L'officier supérieur qui commande les avant-postes devra aussi résister aux demandes de renfort à moins de circonstances exceptionnelles, afin de ne pas disséminer ses forces.

D'ailleurs lorsqu'il ne s'agit que de se garder pendant un temps très-court, comme dans le cas cité plus haut, quelques lacunes dans la ligne des avant-postes présentent peu de danger, pourvu que les chemins qui conduisent à l'ennemi, et surtout les ponts qu'ils traversent, soient occupés et observés; aussi, si une grand'garde annonçait que dans le terrain qu'elle a à surveiller, il se trouve un chemin ou un pont assez éloigné, pour qu'il paraisse nécessaire d'y placer au moins un poste détaché de sous-officier, et qu'elle ne puisse le fournir, ce serait un des cas exceptionnels où il faudrait accorder un renfort ou intercaler une nouvelle grand'garde. Si, les avant-postes étant placés, on recevait pendant la nuit la nouvelle que l'ennemi se montre tout près, ou même qu'il fait des mouvements inquiétants, il est évident que le commandant des avant-postes devrait prendre les mesures complémentaires nécessitées par ces circonstances; par exemple, faire faire des reconnaissances, renforcer les points menacés de la ligne des avant-postes, apporter des changements dans cette ligne etc.

Lorsqu'après un combat interrompu par la nuit, on sera resté de part et d'autre en présence, la fatigue des deux partis empêchera probablement qu'il soit rien entrepris de sérieux pendant la nuit. Mais comme il est toujours possible que l'adversaire fasse venir des troupes, précisément pour tâcher de profiter de cette lassitude pour tenter une attaque, on ne devra pas négliger de prendre la même précaution. Dès que ces troupes seront arrivées, on se gardera en plaçant des avant-postes auprès des points sur lesquels le combat s'est terminé, ou, ce qui vaudrait mieux, en faisant un mouvement offensif quelconque contre les détachements ennemis qu'on a devant soi. En attendant qu'on puisse placer les avant-postes, on se couvrira d'une ligne de tirailleurs.

Même dans les manœuvres en temps de paix, il faut songer à faire avancer des troupes fraîches, et les officiers directeurs, dans les décisions arbitrales prises à cette occasion, devront attacher une importance toute particulière à cette circonstance, de quelque côté qu'elle se soit produite. Une entreprise offensive faite avec des troupes fraîches, après un combat interrompu par la nuit, outre qu'elle est la meilleure manière de se garder, permet de garder constamment le contact de l'ennemi. Si on le trouvait en train de battre en retraite, ou même complétement retiré, il serait nécessaire de faire exception à la règle, et d'employer, malgré la nuit, de la cavalerie pour le retrouver. Mais si on le trouve tout près, et disposé à combattre, il dépendra des circonstances de prendre l'un des partis suivants :

1° Faire une attaque sérieuse, soit vers la pointe du jour, soit le matin;

2° Ou attendre ce que fera l'ennemi (parti qui, soit dit en passant, est celui que prennent le plus volontiers les caractères irrésolus, et qui est presque toujours le plus mauvais. Le plus souvent cette expectative est produite par l'indécision et par le manque de résolution);

3° Ou battre en retraite.

Les deux premiers partis sont, en ce qui concerne

l'exécution, du domaine de l'art de combattre, et sortent par conséquent des limites de cet ouvrage. Quant au troisième, il est à peine besoin de dire que cette retraite, dans le voisinage de l'ennemi, doit s'effectuer autant que possible avant la pointe du jour, et dans le plus grand silence. Dans ce cas aussi, il pourra être utile d'employer exceptionnellement la cavalerie pendant la nuit, si par exemple la retraite des derniers détachements d'infanterie doit s'effectuer en terrain découvert. La cavalerie prendrait alors position, de manière à pouvoir recueillir l'infanterie et repousser la cavalerie ennemie qui le poursuivrait.

Il n'a été question jusqu'ici que des deux armes qui prennent le plus habituellement part au service des avant-postes. Mais les deux autres armes, l'artillerie et le génie, peuvent être, dans des circonstances spéciales, employées sur certains points des lignes d'avant-postes.

L'emploi de *l'artillerie* a pour objet de compléter l'indépendance tactique des détachements qui forment le gros, ou d'augmenter les moyens défensifs de certains points de la ligne d'avant-postes, où l'on est décidé à tenir le plus longtemps possible.

Dans le premier cas, on devra plus que jamais choisir pour le gros une position où ses mouvements ne puissent pas être gênés par les obstacles de terrain. Le voisinage d'un chemin, ou d'une jonction de chemins, ou d'un point où des chemins latéraux se détachent d'un chemin principal, si avantageux déjà dans les cas ordinaires, deviendra presque indispensable lorsqu'on adjoindra de l'artillerie au gros, surtout dans une contrée accidentée.

Dans le second cas, c'est-à-dire lorsqu'il s'agit de

renforcer la défense de certains points de la ligne des avant-postes, tels que des ponts, des digues ou d'autres défilés, on devra placer les pièces autant que possible à portée de ces points. L'expression *à portée* est vague; mais on ne saurait préciser plus exactement, car, à la guerre, tant de circonstances particulières influent sur la détermination à prendre, qu'on ne peut que laisser à l'appréciation d'un coup d'œil juste, le choix de l'emplacement et de la distance. Mais quand bien même cet emplacement paraîtrait complétement garanti contre des attaques faites à l'improviste, il faudrait donner à cette artillerie une garde permanente suffisante pour la garantir contre toutes les éventualités. Quant à l'emploi de l'artillerie pendant la nuit, on n'y pourra recourir que dans des cas très-rares, car l'obscurité rendra toujours incertaine l'appréciation du moment exact où il faudra faire feu, quand bien même on aurait pu déterminer la distance pendant le jour. On devra donc généralement pour la nuit, faire rentrer auprès du gros les pièces qui pendant le jour sont restées à portée des points à défendre, d'autant plus qu'il faut, dans l'artillerie comme dans la cavalerie, ne pas perdre de vue les soins à donner aux chevaux.

On aura presque toujours besoin du concours de l'arme du génie, lorsqu'on emploiera l'artillerie, pour l'exécution des travaux destinés à installer et abriter les pièces et leurs servants. Mais on ne devra construire des redoutes ou autres ouvrages fermés à la gorge, qu'autant qu'on devra séjourner plus d'une semaine dans la position qu'il s'agit de fortifier; commencer de semblables travaux, puis les abandonner inachevés, sans s'en être servi, aurait l'inconvénient d'ébranler la confiance des troupes dans le commandement supérieur qui partout ferait faire de ces fortifications et ne s'en servirait jamais.

Les grandes opérations *offensives,* qui sont entreprises par des avant-postes contre les avant-postes ennemis, doivent aussi faire l'objet de manœuvres d'armes combinées. Les plus fréquentes sont les *reconnaissances.* En ce qui concerne leur but et l'esprit dans lequel elles doivent être exécutées, nous renverrons à ce que nous avons dit dans le chapitre précédent, en parlant des reconnaissances à faire avec de l'infanterie seule. Il suffira d'y ajouter quelques indications relatives à l'adjonction des autres armes.

Ansi par exemple, dans une grande reconnaissance, composée d'infanterie et de cavalerie, on fait souvent faire par la cavalerie une sorte de reconnaissance préliminaire, pour régler les dispositions relatives à la véritable reconnaissance, d'après les renseignements qu'on pourra obtenir sur l'ennemi. Ce moyen est défectueux, car ces détachements de cavalerie envoyés en avant attirent l'attention de l'ennemi, l'avertissent que l'on approche et lui donnent le temps de prendre ses mesures en conséquence. Or, une grande reconnaissance ne peut atteindre un résultat en rapport avec sa force, que si elle apparaît à l'improviste devant les postes ennemis; sans cela elle n'en apprendra pas plus qu'une petite patrouille, ou bien la rencontre n'amènera qu'un combat sans but et sans résultat. Ainsi, la marche d'une grande reconnaissance doit être habituellement éclairée par une avant-garde et par des détachements de flanc, et faite dans un ordre tel, que l'on soit autant que possible prêt au combat, mais on ne doit ni envoyer des détachements de cavalerie en avant, ni affaiblir ses forces en détachant trop de flanqueurs ; 6 à 8 chevaux peuvent généralement éclairer aussi bien que des sections entières.

Si les premiers postes ennemis que la reconnaissance rencontrera en s'avançant sont composés de cavalerie, elle ne devra pas lancer sur eux toute sa cavalerie, qui serait ainsi exposée très-probablement à être désorganisée par le feu dangereux d'une infanterie bien postée. Il sera donc préférable de n'employer pour culbuter les premiers avant-postes de cavalerie ennemie qu'un nombre de cavaliers juste suffisant et de conserver le reste en arrière, de manière qu'aussitôt que l'infanterie aura percé la position ennemie et se sera emparé d'un point convenable, la cavalerie puisse se précipiter en avant pour reconnaître l'ennemi aussi complétement que possible, et tâcher en même temps d'obtenir des avantages sur les détachements isolés par la dispersion des avant-postes.

Une *surprise* avec des troupes de différentes armes ne peut être exécutée qu'un peu avant la pointe du jour; si on voulait l'essayer la nuit, la cavalerie et l'artillerie, loin d'être utiles, créeraient un embarras. Mais si un peu avant la pointe du jour on a réussi à surprendre les avant-postes ennemis par une attaque faite avec de l'infanterie, alors la cavalerie, soutenue suivant les circonstances par de l'artillerie à cheval, pourra compléter l'avantage obtenu, en se jetant sur les avant-postes culbutés et autant que possible sur leurs replis ainsi que sur les troupes qui arriveraient à leur secours.

Les *avant-gardes* composées de différentes armes agissent à peu près de la même manière que les reconnaissances d'infanterie et de cavalerie ; seulement les *avant-gardes* doivent envoyer leurs patrouilles de cavalerie fort loin en avant, et sur leurs flancs ; il est évident que la cavalerie seule peut faire ce service, même en pays coupé, parce qu'elle permet de se procurer rapidement des renseignements pris à une grande distance.

Une avant-garde ainsi composée doit avancer vivement sans faire d'autres haltes que celles nécessaires pour faire reposer les troupes, afin de ne pas retarder la marche de la colonne qui la suit. Sa force la met à l'abri d'un coup de main tenté par des embuscades ou par des patrouilles, et dans tous les cas, elle peut toujours recevoir un prompt secours de la colonne qu'elle précède.

Si une avant-garde rencontre un adversaire qui tienne tête à ses éclaireurs ou qui les repousse, ou qui s'approche avec des forces imposantes, il est clair qu'il faudra tenir compte des circonstances et du terrain, pour savoir s'il faut essayer d'arrêter le mouvement offensif de l'ennemi dans une position choisie et occupée rapidement, ou bien s'il faut marcher résolument à lui. C'est ce dernier parti qui devra être préféré autant que possible; par là on impose mieux à l'ennemi, et cette offensive en procurant une plus grande sécurité à la colonne principale, donne au commandant de cette dernière une plus grande liberté dans le choix des résolutions à prendre, que si l'avant-garde s'arrêtant au point où elle rencontre l'ennemi, se contentait d'un combat défensif et de pied ferme.

Même lorsque la rencontre de l'ennemi est inattendue, on ne doit pas se laisser intimider par la surprise, afin de s'assurer notamment si l'ennemi lui-même n'a pas été surpris, et de tirer parti de cette circonstance, sans attendre des ordres supérieurs.

Quant à la manière d'agir lorsque l'on réussit à surprendre les avant-postes ou des détachements ennemis en mouvement, c'est l'inspiration du moment et un coup d'œil rapide sur l'ensemble de la situation qui doivent la dicter. On ne saurait établir en cela de règles précises, mais on peut toujours répéter ici, comme dans tout ce qui est du domaine de l'art de la guerre, qu'on arrivera plus sûrement au but en prenant rapidement une détermination et une vigoureuse offensive, qu'en cherchant son salut dans une expectative indécise.

Si l'avant-garde possède de l'artillerie, elle devra s'abstenir de tirer sur des pelotons ennemis isolés, auxquels elle ne pourrait causer que des pertes insignifiantes, et se réserver pour des phases du combat plus importantes et plus décisives. L'ouverture prématurée du feu de l'artillerie aurait le grave inconvénient d'annoncer à l'ennemi l'approche d'un détachement considérable.

On peut choisir aussi, pour l'instruction des officiers supérieurs, des opérations de petite guerre ou des expéditions de partisans, comme nous l'avons indiqué au chapitre XII pour l'instruction des capitaines. La force plus considérable des détachements et leur composition mixte permettront une plus grande variété dans les combinaisons. Ainsi, par exemple, on pourra rendre un des deux partis très-supérieur à l'autre, sous le rapport de l'une des armes qui les composent tous deux, ou bien faire menacer par un détachement de cavalerie un détachement entièrement composé d'infanterie, et ayant l'un ou l'autre quelques pièces d'artillerie. Lorsque des détachements de composition si différentes arriveront à un engagement, les directeurs et arbitres de la manœuvre devront être spécialement attentifs à la *première rencontre*, pour prononcer à ce moment la sentence arbitrale, en restant dans les conditions de ressemblance avec la véritable guerre, ainsi que nous l'avons indiqué au commencement de ce chapitre.

CHAPITRE XIV.

De l'exercice des militaires de tout grade, dans les grandes manœuvres.

Les grandes manœuvres, et notamment les manœuvres de campagne proprement dites, ne doivent pas servir exclusivement à exercer les généraux; il est nécessaire au contraire qu'elles profitent aux officiers de tout grade et même aux simples soldats. C'est dans le domaine du service en campagne que l'on peut le mieux satisfaire à cette condition; car les masses qui opèrent l'une contre l'autre, en conservant à la manœuvre son caractère de similitude avec la guerre, ont à se garder et à recueillir des renseignements sur l'ennemi, absolument de la même manière qu'elles le feraient en campagne.

Souvent la rencontre de deux divisions ou de deux corps d'armée manœuvrant l'un contre l'autre, est suivie d'un moment de repos pendant lequel on procède à l'examen critique; les autorités qui dirigent donnent ensuite l'ordre aux deux partis de se porter dans les positions qu'ils avaient l'intention d'occuper à l'issue du combat, et de placer leurs *avant-postes* sans s'inquiéter mutuellement, souvent même on établit, entre les positions des deux partis, une sorte de ligne de démarcation, qu'aucun d'eux ne doit dépasser avec ses avant-postes.

Cette règle n'a pas été établie uniquement dans le but d'épargner aux troupes des fatigues excessives, elle a été surtout dictée par l'expérience; en effet, dans les manœuvres, il arrive fréquemment que le parti victorieux tenant à profiter de son avantage, poursuit avec trop d'ardeur l'ennemi en retraite, et ne lui laisse aucun repos ; il en résulte un combat interminable, notamment pour conserver ou s'emparer de positions importantes, ce qui peut engendrer des conflits et des querelles. Toutefois, on peut mettre un terme à ces inconvénients en faisant intervenir à temps les arbitres, ce qui vaut mieux que d'avoir recours à des mesures qui empêchent l'application instructive des règles du service en campagne. Si, par exemple, dans les manœuvres, on place toujours les avant-postes sans être inquiété par l'ennemi, et sur une ligne exactement indiquée d'avance dans les ordres supérieurs, cela conduira nécessairement à une sorte de routine, et plus tard, en campagne, les officiers n'auront pas l'habitude de reconnaître rapidement le terrain d'un coup d'œil et de prendre les dispositions nécessaires.

Quant à la question d'éviter des fatigues aux troupes ou d'assurer la régularité des distributions, il convient d'observer que les grands rassemblements de troupes doivent nécessairement avoir aussi pour but d'habituer les soldats à des fatigues et à des privations plus grandes que celles qu'ils éprouvent en garnison, et qui ne seront cependant qu'une faible image de ce que la guerre exige sous ce rapport.

Sans doute on ne devra pas, dans les manœuvres en temps de paix, pousser la fatigue à l'extrême, notamment par les fortes chaleurs. Dans ce dernier cas on peut *exceptionnellement* ordonner un repos après la fin du combat et retarder le placement des avant-postes ; mais cette manière de procéder ne doit jamais dégénérer en habitude. Lorsqu'il paraîtra indispensable, pour ménager les forces des hommes, d'intercaler des repos dans le cours d'une manœuvre, on devra choisir le moment le plus opportun : lorsqu'il s'agit, par exemple, de la possession d'un village, qui, attaqué à plusieurs reprises, est défendu avec opiniâtreté, le résultat, dans la réalité, n'apparaît souvent qu'après des alternatives variables, prolongées par les combats partiels qui se livrent autour de chaque maison. Or, comme en temps de paix un combat de cette nature ne peut être représenté très-fidèlement, soit à cause des ménagements que l'on est obligé d'avoir pour les propriétés particulières, soit à cause des conflits qui pourraient naître du contact des adversaires, ce ne serait pas donner à ce combat un caractère d'invraisemblance, que d'ordonner une suspension générale des hostilités pendant le temps nécessaire pour faire reposer la troupe, dès que le combat commence autour du village, et de décider, avant la reprise de la manœuvre, quel est celui des deux partis que l'on doit considérer comme en étant resté en possession. Comme, dans les manœuvres, on doit toujours supposer que la bravoure est la même des deux côtés, on décidera du résultat d'après la force numérique des troupes que chacun des deux partis aurait pu engager dans le combat ; à moins que dès le commencement une faute manifeste ait été commise, soit d'un côté, soit de l'autre, pour la défense ou l'attaque du village. On pourra encore ordonner un moment de repos, lorsqu'après une marche fatigante, un combat paraissant devoir être opiniâtre, se sera engagé au sujet d'un défilé, dont la possession est importante pour les deux partis. En ordonnant ainsi des repos dans ces circonstances et dans d'autres semblables, on pourra ménager les forces des troupes, sans enlever à la manœuvre son caractère instructif, et alors on ne sera plus obligé d'interrompre la continuité des opérations, lorsque à la fin d'un combat, il s'agira de prendre des mesures de sûreté (placement d'avant-postes, etc....)

Bien que dans une grande manœuvre de campagne, on ne doive pas considérer comme une exigence trop grande de faire rester une troupe pendant 24 heures de suite aux avant-postes, sans pouvoir prendre d'aliments chauds, cependant, si on voulait à tout prix lui éviter cette privation, il ne faudrait pas arriver à ce résultat, en faisant faire d'abord la soupe aux détachements désignés pour les avant-postes, pour leur faire prendre ce service immédiatement après. Il vaudrait mieux faire une suspension d'armes de 2 ou 3 heures après la chute du jour, c'est-à-dire après que les avant-postes auraient pris leurs positions pour la nuit. Bien que, par ce moyen, on perde une partie du temps destiné aux patrouilles, aux reconnaissances, etc..... cela a cependant moins d'inconvénient que de faire une suspension d'armes complète, avant de placer les avant-postes, et de faire exécuter ensuite cette opération en toute sécurité; car alors on perd l'occasion d'exercer les troupes à passer, comme dans la guerre réelle, de l'ordre de combat à l'ordre d'avant-postes, opération qui exige une attention toute particulière.

Il est aussi préjudiciable à l'instruction des troupes, de retirer les avant-postes à une heure déterminée de la matinée, pour faciliter au commandant en chef les dispositions à prendre pour les opérations de la journée. En agissant ainsi, on perd toute espèce d'occasion d'exercer les troupes et leurs chefs à passer de l'ordre d'avant-postes à l'ordre de marche ou de combat.

Quant aux avant-gardes, dans les rapports qui existent entre le commandant d'une grande avant-garde et le général commandant le corps d'armée, il arrive fréquemment qu'on ne laisse pas au premier, dans les manœuvres en temps de paix, la même initiative et la même liberté d'action qu'en temps de guerre. Nous avons déjà indiqué comme n'étant pas pratique, et ne contribuant pas à l'instruction, que le commandant supérieur prescrive exactement les lignes que les avant-postes des deux partis en présence doivent occuper; il faut remarquer, en outre, à ce sujet, que souvent le général commandant le corps se réserve de régler lui-même toutes les entreprises un peu importantes dirigées contre les avant-postes ennemis. Il enlève ainsi au commandant de l'avant-garde ou des avant-postes, l'occasion de mettre sur-le-champ à profit les circonstances favorables qui peuvent se présenter à la suite d'une nouvelle qu'il reçoit ou d'une observation qu'il a faite. Si les rapports doivent aller jusqu'au quartier général, et s'il faut en attendre l'ordre ou la permission d'exécuter une entreprise, il arrivera souvent qu'on laissera échapper le moment favorable. Aussi, en limitant de cette manière le rôle laissé à l'activité des avant-postes, on lui imprime un caractère surtout défensif, tandis que la meilleure manière de se garder est incontestablement, comme nous l'avons déjà dit, d'intimider l'ennemi par des entreprises offensives fréquentes, de ne le faire songer qu'à sa propre sécurité, en un mot, de l'obliger à se tenir sur la défensive.

Presque toujours, dans les grandes manœuvres de

campagne qui durent plusieurs jours, l'heure du commencement des opérations quotidiennes est fixée, soit une fois pour toutes pendant toute la durée des manœuvres, soit la veille pour chaque journée. Cela a l'inconvénient d'altérer le caractère instructif que les grandes manœuvres doivent présenter, en ne permettant plus de reproduire fidèlement les circonstances de la guerre.

Dès que les avant-postes savent que la *manœuvre* ne commencera qu'à une certaine heure, ils sont sûrs de n'avoir jusque-là à subir aucune attaque sérieuse. Le surcroît de vigilance au moment du lever du jour, qui est si expressément recommandé en campagne, n'est plus nécessaire dans ce cas, et alors les troupes ne seront plus conduites à l'exercer. Elles s'abandonneront donc probablement, pendant les premières heures de la matinée, à une insouciance qui pourra devenir un jour extrêmement dangereuse, en présence d'un ennemi entreprenant, si, en temps de paix, elle a dégénéré en habitude.

En ne faisant jamais commencer les grandes manœuvres que de jour, on s'ôte toute possibilité de faire apprendre aux troupes et à leurs chefs à se retrouver et à savoir se diriger au milieu des préparatifs d'une attaque nocturne. Il est précisément nécessaire dans ce cas, que les officiers des troupes qui s'approchent, dans l'obscurité, de la position ennemie, se comportent avec la plus grande prudence et que les hommes s'habituent à obéir à des ordres donnés à voix basse et à observer le plus grand silence, pour que l'ennemi ne découvre pas les projets d'attaque et le point contre lequel elle est dirigée.

Dernières remarques.

Dans ce traité, qui a pour objet l'instruction des militaires de tout grade dans le service en campagne, nous avons moins cherché à établir un système théorique qu'à donner des procédés pour l'exécution pratique. Cependant il ne faut pas se dissimuler que l'ensemble des manœuvres que nous avons jugées utiles au développement de cette instruction, peut faire naître quelques objections, auxquelles nous allons essayer de répondre d'avance en terminant ce livre.

D'abord, bien des praticiens, à quelque grade qu'ils appartiennent, trouveront sans doute que le temps et l'espace manqueront pour satisfaire à toutes les conditions que nous avons indiquées pour l'instruction complète du service en campagne. Il est incontestable que le temps est à peine suffisant pour enseigner aux troupes tout ce qui doit constituer leur instruction en vue de la guerre. Le nombre des sujets qui se rapportent à cette instruction s'est augmenté considérablement, par suite du caractère nouveau que présente à notre époque l'art militaire, en raison notamment des perfectionnements de l'armement. Si, à côté de l'instruction qui a pour but le combat à rangs serrés, depuis l'école du soldat jusqu'à celle de régiment, on ajoute des instructions élémentaires et des manœuvres de guerre pour l'enseignement du combat de tirailleurs, et des marches militaires pour rompre les soldats à la fatigue, si on veut exercer les soldats d'infanterie au service des bouches à feu et aux travaux de fortifications, on reconnaitra qu'il est nécessaire que le temps consacré à toutes ces branches de l'instruction soit rigoureusement mesuré pour n'en sacrifier aucune.

L'enseignement du service en campagne ne doit donc pas être l'objet d'une préférence absolue, mais on devra toujours lui accorder la part importante qui lui appartient.

Et maintenant, pour terminer ces dernières remarques, ajoutons quelques mots au sujet d'une critique que l'on entend souvent formuler; on se demande à quoi bon employer tous ces artifices pour l'instruction des troupes, le combat en tirailleurs, le service en campagne? Ce n'est pas là qu'il faut chercher le gage du succès; c'est dans le plan et l'exécution des opérations stratégiques. L'issue de la guerre dépend du talent du général en chef et de la manière dont les masses sont dirigées et dont elles se comportent.

Rien n'est plus vrai, mais cependant on ne saurait disconvenir qu'il est indispensable de prendre le même soin de l'instruction des troupes, dans *toutes ses parties*, et de s'efforcer d'être fort en tout.

On n'a pas encore trouvé l'art de former en temps de paix un grand général, soit par l'étude, soit sur le champ de manœuvres, ni même l'art de représenter et de faire voir aux troupes d'une manière vraiment instructive, dans les manœuvres en temps de paix, les moments critiques d'une grande bataille. Mais ce qui peut se développer dans ces manœuvres, c'est la faculté, si nécessaire à un chef, de juger sainement les situations variées, de s'orienter dans les circonstances inattendues, de décider rapidement et de savoir prendre sur-le-champ les mesures qui conviennent aux circonstances. On pourra y arriver au moyen de manœuvres de petite guerre et d'avant-postes. Si nous avons réussi à donner, dans ce livre, quelques indications utiles pour montrer comment on doit, en temps de paix, faire l'éducation des officiers et des troupes dans le service en campagne, d'une manière répondant le mieux possible aux conditions de la guerre, nous espérons avoir ainsi contribué à faciliter la grande tâche, qui est de préparer l'armée à la guerre ; mais nous ne prétendons nullement avoir donné un guide infaillible pour conduire à la victoire. Au contraire, nous exprimerons ici de nouveau cette conviction, que le succès dépend avant toutes choses de deux conditions. Il faut d'abord *un général* qui, dans la direction des opérations et des batailles, parte d'idées grandes et simples, — qui sache puiser en lui-même des résolutions énergiques, — qui exécute ses résolutions sans se laisser arrêter par les difficultés et les objections, — qui ne cherche pas uniquement le salut dans des positions bien choisies, ni dans des combinaisons compliquées, — qui, au moment décisif, soit fermement convaincu que les situations déjà critiques le deviennent de plus en plus par l'indécision, et qu'une fois en train la hardiesse conduit le plus sûrement au but. — La seconde condition est que le général ait sous ses ordres *une armée* dans laquelle chacun, depuis le plus ancien général jusqu'au plus jeune soldat, soit bien convaincu qu'il ne remplit complétement son devoir, que lorsqu'il fait plus que ce que l'on considère ordinairement comme suffisant pour cela; — dans laquelle, au milieu des circonstances les plus difficiles, on fait tout ce qu'il est humainement possible de faire, — où les revers ne paralysent ni le ressort ni l'ardeur, — où l'on préfère prendre sous sa responsabilité d'aller de l'avant, plutôt que de rester inactif à attendre des ordres, — dans laquelle enfin on supporte gaiement les fatigues et les privations les plus rudes, en méprisant le danger.

FIN.

LISTE DES PUBLICATIONS

DE LA

RÉUNION DES OFFICIERS

MÉLANGES MILITAIRES.

Nos 1. **L'Armée anglaise en 1871**, au point de vue de l'offensive et de la défensive. Paris, Tanera.......... Prix : 25 c.

2. **Organisation de l'armée suédoise.** Projet de réforme. Paris, Tanera.................................. 25 c.

3 et 4. **Mode d'attaque de l'infanterie prussienne** dans la campagne 1870-71, par le duc Guillaume de Wurtemberg, traduit de l'allemand par M. Conchard-Vermeil. Paris, Tanera. 50 c.

5. **De la dynamite** et de ses applications pendant le siége de Paris. Tanera.................................. 25 c.

6. **Quelques idées sur le recrutement,** par G. B. Paris, Tanera.................................. 25 c.

7. **Études sur les reconnaissances,** par le commandant Pierron. Paris, Tanera.................................. 25 c.

8, 9 et 10. **Étude théorique** sur l'organisation d'un corps d'éclaireurs à cheval, par H. de La F. Paris, Tanera....... 75 c.

11, 12, 13. **Étude sur la défense de l'Allemagne occidentale,** et en particulier de l'Alsace-Lorraine. Traduit de l'allemand. Paris, Tanera.................................. 75 c.

14. **L'Armée danoise.** Organisation. Recrutement. Instruction. Effectif. Paris, Tanera.................................. 25 c.

15, 16, 17. **Les Places fortes** du N. E. de la France, et Essai de défense de la nouvelle frontière. Paris, Tanera....... 75 c.

18, 19. **De la détermination du calibre** dans les armes portatives, par J. L., cap. d'artillerie. Paris, Tanera........ 50 c.

20. **Des bibliothèques militaires.** De l'établissement d'un catalogue et de la tenue des principaux registres. Paris, Tanera. 25 c.

21, 22, 23, 24. **L'Artillerie au siége de Strasbourg en 1870.** Notes recueillies par un officier de l'artillerie suisse. Traduit de l'allemand par P. Larzillière. Paris. Tanera....... 1 fr.

25, 26. **L'Artillerie de campagne** des grandes puissances européennes et les canons rayés. Traduit de l'allemand par M. Meert, cap. d'art. Paris, Tanera........................... 50 c.

27. **Des canons et fusils à vapeur,** par J. L., cap. d'art. Paris, Tanera................................ 25 c.

28, 29. **La Cavalerie de réserve** sur le champ de bataille, d'après l'italien, par Foucrière, sous-lieut. au 81e rég. de ligne. Paris, Tanera................................ 25 c.

30. **De la répartition de l'armée sur le territoire.** Paris, Tanera...................................... 25 c.

31, 32. **Le Télémètre Nolan,** appareil destiné à mesurer les distances, avec planche. Paris, Tanera................ 50 c.

33. **La Bataille de Spicheren** envisagée au point de vue stratégique. Traduit de l'allemand par Weil. Paris, Tanera... 25 c.

34. **De l'équitation dans les régiments de cavalerie en Prusse,** par H. de La F. Paris, Tanera.............. 25 c.

35. **L'Armée prussienne en Alsace pendant l'hiver dernier.** Notes recueillies par C. Sandherr, lieutenant de chasseurs à pied. Paris, Tanera....................... 25 c.

36, 37. **De la justesse du tir des bouches à feu et des armes portatives,** par M. J. Lefèvre, capitaine d'artillerie. Paris, Tanera................................ 50 c.

38. **Des métaux employés dans la fabrication des canons anglais,** par J. L., capit. d'art. Paris, Tanera... 25 c.

39, 40. **Instruction théorique et pratique de l'infanterie,** par E. Uffler, cap. au 93e de ligne. Paris, Tanera. 50 c.

41, 42. **L'Exploitation des chemins de fer français par les armées allemandes,** d'après les documents officiels allemands, par M. Martner, capitaine d'état-major, avec carte. Paris, Tanera................................ 50 c.

43, 44. **Idées sur l'attaque des places fortes.** Conférence faite à Berlin par le général-major prince de Hohenlohe-Ingelfingen, d'après l'allemand, par A. Klipffel, capitaine du génie. Paris, Tanera................................ 50 c.

45, 46 **De l'instruction pratique de la compagnie d'infanterie**. Paris, Tanera.............................. 50 c.

47, 48, 49, 50. **Considérations sur la guerre des places fortes, 1870-71.** Traduit de l'allemand par Couturier, lieut. au 55e régiment. Paris, Tanera......................... 1 fr.

51, 52. **Étude sur les peines disciplinaires en campagne,** par G. D., officier d'état-major. Paris, Tanera.. 50 c.

53, 54. **Historique des remontes depuis les Romains,** suivi d'un projet d'organisation d'une landwehr hippique, par L.L., s.-int. militaire. Paris, Tanera........................ 50 c.

55. **Le Télémètre de campagne du colonel russe Stubendorf,** avec planche. Paris, Tanera................. 25 c.

56, 57, 58. **Études sur le service des étapes,** d'après les renseignements personnels recueillis pendant la guerre de 1870-71, par un officier de l'inspection générale bavaroise des étapes. Traduit de l'allemand par Couturier, lieutenant au 55e régiment. Paris, Tanera... 75 c.

59, 60. **Aperçu de géographie militaire sur le littoral de la Confédération du Nord,** et étude des mesures de défense prises par les Allemands pendant la guerre de 1870-71 contre un débarquement de troupes françaises, par Dubois, capitaine du génie. Paris, Tanera.................................. 50 c.

61, 62. **Étude et enseignement de la statistique militaire,** par Chanoine, chef d'escadron. Paris, Tanera..... 50 c.

63. **Comparaison entre le canon de campagne et la mitrailleuse,** par E. Klutschack. Traduit de l'allemand par de La Roque, capit. d'artillerie. Paris, Tanera........... 25 c.

64, 65, 66. **Mémoire sur les fusils se chargeant par la culasse** employés dans les armées de Prusse, de France et d'Angleterre, par le capitaine Mervin Drake, instructeur de tir. Traduit de l'anglais par M. de Pina, capitaine de frégate. Paris, Tanera. 75 c.

67, 68, 69. **Mémoire sur la nécessité de créer des écoles de sous-officiers,** par M. de Lalobbe, colonel d'état-major. Paris, Tanera...................................... 75 c.

70. **De l'armement de l'artillerie de campagne**. Traduit de l'allemand par d'Astier de La Vigerie, capitaine d'artill. Paris, Tanera.. 25 c.

71, 72, 73. **Les manœuvres de la garde prussienne en 1872,** par M. Weil. Paris, Tanera.................. 75 c.

74. **Simplifications au titre VI du règlement sur les manœuvres de l'infanterie,** par le baron d'Ussel, capitaine au 27e bataillon de chasseurs. Paris, Tanera............ 25 c.

75, 76. **Notes sur l'emploi du temps des troupes prussiennes,** suivi de quelques considérations générales sur l'armée française, par M. Dally, capitaine au 102e de ligne. Paris, Tanera. 50 c.

77, 78, 79. **Mémoire sur l'organisation des bureaux des états-majors et des secrétaires des états-majors**, par Warnet, lieut.-colonel d'état-major. Paris, Tanera....... 75 c.

80. **Des modifications à introduire dans le règlement sur les manœuvres de l'infanterie,** par M. Herbinger, capitaine au 101e régiment. Paris, Tanera................ 25 c.

81, 82. **Loi du mouvement d'un projectile dans l'intérieur du canon,** par J. Lefèvre, capitaine d'artillerie. Paris, Tanera.. 50 c.

83. **De l'organisation de l'artillerie;** séparation en artillerie de campagne et en artillerie de forteresse. Traduit de l'allemand par M. Vicel, lieutenant de vaisseau. Paris, Tanera......... 25 c.

84, 85. **La Vérité sur l'unification des différents services de transport**, par M. Baratier, sous-intendant militaire. Paris, Tanera.. 50 c.

86. **Physionomie du combat d'infanterie pendant la guerre de 1870-71,** par Boguslawski. Traduit de l'allemand par Couturier, lieutenant au 55e régiment. Paris, Tanera. 25 c.

87. **Causes de la décadence et de la grandeur de la Prusse**. Avantages de la décentralisation dans l'administration, par L. Lèques, sous-intendant militaire. Paris, Tanera... 25 c.

88, 89. **Le Pas de l'infanterie,** par Klipffel, capit. du génie. Paris, Tanera.. 50 c.

90, 91. **De l'importance des transports aux armées,** par M. Parizot, major au 3e régiment du train des équipages. Paris, Paris, Tanera.. 50 c.

92, 93, 94. **Des causes et du mécanisme des accidents occasionnés par le maniement du fusil Chassepot,** par M. Treille, médecin-major au 3e spahis. Paris, Tanera... 75 c.

95. **De l'armée territoriale** et des corps spéciaux de cavaliers éclaireurs, par Weil. Paris, Tanera.................... 25 c.

96. **De quelques nouveaux composés explosibles et incendiaires.** Traduit de l'italien par M. de Lort-Sérignan, lieut. au 124e rég. Paris, Tanera.......................... 25 c.

97. **Des nouveaux chemins de fer de l'Alsace-Lorraine,** par M. Martner, capitaine d'état-major. Paris, Tanera.... 25 c.

98, 99, 100. **De la défense de l'Italie.** Extrait du rapport officiel de la commission royale italienne, par M. Meert, capitaine d'artillerie, avec carte. Paris, Tanera.................. 75 c.

ENTRETIENS MILITAIRES.

L'Armée prussienne, par M. Lahaussois, sous-intendant militaire. Paris, Dumaine................................. 60 c.

Hygiène militaire, par le docteur Jules Arnould, médecin-major de 1re classe. Paris, Dumaine....................... 60 c.

Des tirailleurs, de leur instruction, de leur emploi, par M. Herbinger, cap. adjudant-major au 1er provisoire. Paris, Dumaine.. 60 c.

Principes rationnels de la marche des impedimenta dans les grandes armées, par M. Anatole Baratier, sous-intendant militaire.................................. 1 fr.

De l'administration militaire, par M. Lewal, colonel d'état-major. Paris, Dumaine............................ 1 fr.

De l'administration militaire et du fonctionnement des services administratifs. — Réponse à M. le colonel Lewal, par M. Anatole Baratier, sous-intendant militaire. Paris, Dumaine.. 1 fr.

De l'aérostation militaire, par M. Delambre, capitaine du génie.. 75 c.

De la photographie et de ses applications aux besoins de l'armée, par M. Dumas, capitaine d'état-major, chef du service photographique au ministère de la guerre...................... 75 c.

Instruction de l'infanterie, préparation au service de la guerre, par M. Percin, capitaine de génie...................... 75 c.

De l'emploi militaire des chemins de fer, par M. Delambre, capitaine du génie.................................. 75 c.

De l'enseignement de la géographie, par M. Bourboulon, chef de bataillon.. 75 c.

Création de manutentions roulantes pour les quartiers généraux et les divisions en campagne, par M. Baratier, sous-intendant militaire. Paris, Tanera.................................. 1 fr.

Du service des états-majors, par M. Derrécagaix, capitaine d'état-major. Paris, Tanera.

RÈGLEMENTS ÉTRANGERS.

Règlement du 3 août 1870 sur les exercices de l'infanterie de l'armée royale de Prusse. Traduit de l'allemand par J. Monlezun, lieut. au 120e régiment d'infanterie. 1 volume in-12 avec figures et planches de musique donnant toutes les sonneries et batteries. Paris, Tanera...................... 4 fr.

Instruction du 9 juin 1870 concernant le service de garnison de l'armée prussienne. Traduit de l'allemand par MM. Samion et Laplanche. Br. in-12. Paris, Berger-Levrault. 1 fr. 25

Manuel du sapeur d'infanterie. Instruction publiée par le ministère de la guerre (septembre 1871). Traduit de l'italien par MM. Percin, Grillon et de Lort-Sérignan. 1 vol. in-12. Paris, Tanera.. 4 fr.

Sous presse :

Instruction de 1870 sur le service, en campagne, de la cavalerie de l'armée suédoise. Traduit du suédois par MM. Siwers et Martin.

Règlement de 1870 sur les exercices de la cavalerie autrichienne. Traduit de l'allemand par V. Zeudes, chef d'escadron de cavalerie.

Règlement pour l'instruction tactique des troupes d'infanterie. Traduit de l'italien par le commandant Durostu et le cap. Jolly. Paris, Dumaine............................ 3 fr.

Règlement pour l'instruction tactique des troupes de cavalerie. Traduit de l'italien par le command. Durostu et le capit. Vollot. Paris, Dumaine......................... 3 fr.

OUVRAGES DIVERS

Les Canons géants du moyen âge et des temps mo-

dernes, par R. Wille, lieutenant de l'artillerie prussienne. Traduit de l'allemand par MM. R. Colard et S. Bouché, lieutenants d'artillerie. 1 vol. in-8°. Paris, Tanera.................... 3 fr.

Les Mitrailleuses et leur emploi pendant la guerre de 1870-1871, par M. Hermann, comte Thürheim, capitaine bavarois. Traduit de l'allemand par M. E. J. Brochure in-8°. Paris, Tanera.................................... 1 fr. 25

Mémoire sur la permanence de l'armement de défense et sur l'emploi des cuirasses métalliques dans les fortifications d'Anvers, Plymouth et Portsmouth, par le baron Berge, lieutenant-colonel d'artill. 1 volume in-8° avec planches. Paris, Tanera............. 3 fr.

Organisation de l'armée de l'Allemagne du Nord. Recrutement et libération. Traduit de la 12ᵉ édition de l'ouvrage sur l'organisation de l'armée allemande, du général de Witzleben, par le commandant Le Maître. Paris, Berger-Levrault........... 2 fr.

Cours réduit du tir, par Borreil, capitaine au 124ᵉ de ligne. 2ᵉ édition. 1 vol. in-12. Paris, Dumaine................ 60 c.

Manuel d'hygiène et de premiers secours. Traduit de l'allemand par le docteur Bürgkly. Brochure in-12. Paris, Dumaine.. 60 c.

Manuel du soldat. I. Service intérieur. II. Instruction sur le démontage, le remontage et l'entretien de l'arme. III. Notions sur le tir du fusil d'infanterie. IV. Transport des troupes d'infanterie au chemin de fer. V. Notions d'hygiène. VI. Service des places. VII. Service en campagne. 1 volume in-18 cartonné. Paris, Tanera .... 50 c.

Études sur l'art de conduire les troupes (2ᵉ partie), par Verdy du Vernois. Traduit de l'allemand par M. Masson, capit. d'état-major. 1 vol. in-12. Paris, Dumaine; Bruxelles, Muquardt, 1872... 2 fr. 50

Les Trains sanitaires. Étude sur l'emploi des chemins de fer pour l'évacuation des blessés et malades en arrière des armées, par le Dʳ Morache. Brochure in-8°. Paris, Dumaine, 1872... 1 fr. 50

Construction et destruction des chemins de fer en campagne, par Wibrotte. Brochure in-8° avec figures. Paris, Dumaine.. 1 fr.

Éléments de la connaissance du terrain, à l'usage des sous-officiers, par M. La Fuente, lieut. d'état-major, et M. Mac-Caffarelli, sous-lieutenant au 8ᵉ hussards, 2ᵉ édition. Paris, Dumaine... 1 fr. 50

Abraham Du Quesne et la marine de son temps, par

M. Jal, historiographe de la marine. 2 volumes in-8°. Ouvrage adopté par la Réunion de Officiers. Paris, Plon......... 16 fr.

Agenda de poche des officiers de terre et de mer pour 1873. Paris, Berger-Levrault.................... 1 fr. 50

Esquisse d'un projet de loi sur l'avancement, par un officier du génie. Paris, Tanera.

Manuel du soldat d'infanterie, en usage dans la division d'Alger. In-18. Paris, Plon........................ 50 c.

Le petit Bulletin du soldat, publié sous le contrôle de la Réunion des Officiers, paraît tous les dimanches. Chaque numéro contient 12 colonnes de texte et coûte 5 centimes. On peut prendre des abonnements au prix de 3 fr. par an. Paris, rue de Bellechasse, 37.

Annuaire de la Réunion des Officiers pour 1873, contenant l'historique de la Réunion, les Statuts, la Liste de tous les membres de la Réunion inscrits jusqu'à ce jour, un historique de l'année pour les différentes puissances de l'Europe, de nombreux renseignements, etc., etc. — Environ 300 pages compactes. Prix, franco.................................. 2 fr. 70

La Vérité sur le Masque de fer (les Empoisonneurs), d'après des documents inédits des archives de la guerre et des autres dépôts publics (1664-1703), par M. Th. Iung, capitaine d'état-major. Paris, Plon.................................... 8 fr.

Sous presse :

Étude sur le réseau de chemins de fer français considéré comme moyen stratégique, par L. de Tromenec, capit. d'artillerie. 1 vol. in-8° avec carte. Paris, Tanera.

Guide pour la préparation des plans de marche et des transports de troupes par les chemins de fer, par A. Le Pippre, chef d'escadron d'état-major. 1 vol. in-8° avec planches et carte. Paris, Tanera.

Méthode pour enseigner le combat de tirailleurs, par le gén. Waldersee. Paris, Labitte.

Aide-mémoire pour l'instruction théorique du cavalier, à l'usage des jeunes officiers et des sous-officiers, par le gén. Mirus. Paris, Didot.

De la défense des cours d'eau. Traduit de l'allemand par le capit. Grillon. Limoges, Charles Père.

Typographie Firmin Didot. — Mesnil (Eure).

www.ingramcontent.com/pod-product-compliance
Ingram Content Group UK Ltd.
Pitfield, Milton Keynes, MK11 3LW, UK
UKHW021046220726
13924UKWH00005B/2043

9 782019 717612